Anonymous

The Gospel according to St. John

In the Language of the Malliseet Indians of New Brunswick

Anonymous

The Gospel according to St. John
In the Language of the Malliseet Indians of New Brunswick

ISBN/EAN: 9783337279134

Printed in Europe, USA, Canada, Australia, Japan

Cover: Foto ©Lupo / pixelio.de

More available books at **www.hansebooks.com**

THE GOSPEL ACCORDING TO

ST. JOHN

IN THE LANGUAGE OF THE MALLISEET INDIANS OF NEW BRUNSWICK.

LONDON
1870.

ST. JOHN.

Chapter I.

1 Tanĕk' ŭmskooŏs' machahak' Kŭlocswagŭn eoos': ha neaga Kŭlooswagŭn wejāooa'bŭnĭl Nŭkskamŭl: ha neaga Kŭlooswagŭn Nŭkskamwewoos'.

2 Yoot tanĕk' ŭmskooŏs' machahak' wejāooa'bŭnĭl Nŭkskamŭl.

3 'Mseu kĕkwsăl ooche-kesetăsoosŭp'ŭnĭl nāgŭm; ha neaga tan skat kesc'tookŭs', skat kesetăsewĭs'.

4 Nāgŭm oohŭkĕk pŭmowsooagŭn eoos'; ha neet pŭmowsooagŭn oopŭsâkwhĕkŭmooŏ pŭmowsooenooŭk.

5 Ha pŭsakwhĕk lebeteahtĕs pĭskâhtādook, ha pĭskâhtĕk skadama wekwĕhtoonāweepŭn.

6 Pŭmowsoo'enoo' oochĭpchetak'anĕs' Nŭkskamooĭkŏŏk le' wesoos Sabadĭs.

7 Nāgŭm ooche-pŭkŭchehĕs' oonoochĭnspeu-wŏŏlaman, oonŭspeuwŏŏlămăd'ŭmŭn yoot pŭsakwhĕk; wĕlaman 'mseu wānĭk ooche-woolămsŭtŭmoote'nea nāgŭm oohŭkĕk.

8 Skat net nāgŭm pŭsakwhĕk, kānookŭloo ŭpcheda'kanĕs' oonŭspeuwŏŏlămăd'ŭmŭn yoot pŭsakwhĕk.

1—2

9 Net oolămāwagŭne-pŭsakwhĕk tan egŭhak's ooskĭt'kŭmĭkw, pŭsakwhā'tooŏts' 'mseu pŭmowsoo'enoo'.

10 Nāgŭm eoos' ooskĭt'kŭmĭkw, ha neaga ooskĭt'kŭmĭkw oochekesĭh'tasoos nāgŭm oohŭkĕk, ha neaga ooskĭt'kŭmĭkw skadama ookŭchĭjehoogooesŭb'ŭnĭl.

11 Pŭkŭchehĕs' tan yoot nāgŭm tĕbĕltŭk, ha nāgŭm tĕbĕltŭk skat wekwĕhlŭgooŭn.

12 Kānookŭloo tanĭhĭ wekwĕhlĭjĭhĭ oomelanĕs' tŭpĕltŭmooagŭn Nŭkskam oonejanĭn, nĭktŭna tanĭk wĕlamāwĕltŭmăt we'sooŭn.

13 Tanĭk skat wĕje-nŭmekŭsoolteekwĭk pŭka'kŭnŭk, kŭsŭna 'mhŭk ooledŭhadŭmooa'gŭnŭm ĭkŏŏk, kŭsŭna pŭmowsooenooŭk ooledŭhadŭmooagŭnŭmoo-ĭkoo'ŏk; kānookŭloo oochenŭmogoosooltooŭk Nŭkskam-ooĭkŏŏk.

14 Ha Kŭlooswagŭn 'mhŭkooĕsoos', ha eoos' tan āāyŭkw, ha k'nŭmetooŏnĕnoopŭn ookechetŭmetŭhadŭmooagŭn; stŭkā' Wāgwŏŏsĭt Nŭkskam wĭhwebeu' ookwŏŏsŭl ookechetŭmetŭhadŭmooagŭn, ŭpsŭnpoos' hŭlĕlmoogwāwagŭn ha neaga oolămāwagŭn.

15 Sabadĭs, (San), oonŭspeuwŏŏlămalasŭbŭnĭl, ha ootookĕmĭhtăsoos', eetŭmoos': Woot nāgŭm tan woot nĕstŭhookpŭn [tan ĕgedŭman] tan woot wĕjepŭkŭchehat n'tasedāmŭk eoos mĕskw nel ā'ewŏn', ee'bŭchŭl peĕmek'chetŭmĭtpŭsoo katŭk nel.

16 Ha 'mseu tan kĕseyŭk'w koochim-sŭ-

nŭmŭn-ĕnoo'pŭn oopŭsnāta'gŭnŭm, ha neaga lĕlmoogwāwagŭn ooche lĕlmoogwāwagŭn.

17 Kānookŭloo bootoosooagŭn oochemelooŏnĕs' Mooisk, kānookŭloo lĕlmoogwāwagŭn ha neaga oolămāwagŭn ooche-ch'kooehĕs' Sāsoos oohŭkĕk.

18 Mĕskw wĕn nŭmehow'eŭl Nŭkskamŭl tan tĕpŏŏkt toocheu ; wihwebu Ookwŏŏsŭl tan Oometâkwsŭl ootlămsĕk āelejil, nāgŭm ookesăgŭnemal.

19 Net yoot Sabadis oonŭspeuwŏŏlămāwagŭn tan toocheu Lĕsweesŭk oochipchedaka'nea Sāloosălĕmk' pahtŭleaas ha neaga Lebeik' wĕdabĕkselejihi oopabĕlichema'nea : Wĕn kel?

20 Ha oopabĕkăgŭnoodŭmooa, ha skat ookadooŭn, kānook copabĕkagŭnoodŭmooa, eedŭm : Nel skat Newĕskooweu.

21 Eaga ootŭle-pabĕhchema'nea : Kĕkwsā'ŭloo? Kel net Eleijah ? Sabadis eetum : Skat : Kel net nekanikchijeta'kāwin ? Asedāmat : Skat.

22 Netwāje yŭhatit : Wĕn kel ? wĕlaman n'keseasedĕma'nooŭk tanik pĕjetakŭlinŭmŭkpŭnik : tanŭloo ŭktŭloo'dŭmŭn ŭkhŭk ?

23 Sabadis eetŭm : Nel ookŭloosooagŭn tan wĕn ĕtlookĕmits bakŭtakŭmeekw, ĕtleëdŭkŭs : Oolekeakwādook Ukchesakŭm ootowt' : tan e'dŭkŭs nekanikchijeta'kāwin Esae.

24 Nikt tanik kesipche-takĕmkŭsŭp'ŭnik ooche-eooltŭsŭb'ŭnik Păloosenk oohŭkāwŏk.

25 Ha oopabĕhchemawŏl, ootehawŏl: Netwāje kĕkwsāŭloo wĕjepapteisooĕhloo'eŭn? skat Newĕskoowewŭn, kŭsŭna Eleijah, kŭsŭna nŭt nekanĭkchĭjetakāwĭn.

26 Sabadĭs asedāmât, eetŭm: Choodĕhloo nel n'papteisooĕhloo samagwanŭk; kānookŭloo wĕn sĕhkĕt abaseu ŭkhŭkāwŏk, tan skat kĕjejehawĕkw;

27 Nāgŭm nŭt tan wĕjepŭkŭchehat n'tasedāmŭk, ha eoos' mĕskw nel āewŏn'; tan oochesŭgoonăp' skat nel 'ntepkow teunāwĭn' 'ntăpkwĕhtooŏn.

28 Net neetŭl kĕkwsāăl keskăjĭtpeaksŭbŭneegŭl Bātābŭlĕk, kamŭk seep tan ĕlewesooĭk's Sooldŭn, (Jordan), tan tĕt Sabadĭs ĕtlepapteisooĕhtasĭts.

29 Net ā'taeu' kecsook Sabadĭs oonŭmĭhal Sāsoosŭl wĕchkooe'halejĭl tan āĭt, ha eetŭm: Sagĭhŏŏk! K'chenŭkskam Ootŭsepeesŭmŭl, tan machĕptakw ooskĭt'kŭmĭkw lakŭmĭksooagŭn.

30 Nāgŭm nŭt tan wĕskooemookpŭn tan eetŭmanpŭn: Ooskedăp oochepŭkŭchehĕ n'tasedāmŭk tan āĭts nel mĕskw a'ewŏn', eebŭchŭl eoos nel mĕskw ā'ewŏn: (eebŭchŭl ăjepeāmĭkchetŭmĭtpŭsoos' katŭk nel).

31 Ha nel skat n'kŭjejehawis': kānookŭloo wĕlaman oochemĕswātasĭn Islĕlk'wĕchkooe-papteisooĕhlooe-anpŭn samagwanŭk.

32 Ha Sabadĭs 'nspeuwoolămāpŭn, eetŭmoopŭn: Nkesenŭmĭha Nŭkskam oochŭcha-

kool oochebŭnĕgwĕsoo spŭmkeek leegoo stŭkā' pŭlĕs', ha ŭngĕsoo oohŭkĕk.

33 Ha skat nŭnoo-oweepŭn; kānookŭloo nāgŭm tan ĕlgemĭtpŭn n'papteisooĕhlooŏn samagwanŭk, n'tehoogoopŭn nel: Uktnŭmehach' Nŭkskam oochŭchakool oochkoωe-pŭnĕgwĕseelĭn ha n'gĕsooŭl oohŭkĕk, nŭt nāgŭm tan noochepapteisooĕhlooĕt We-je-oole-newĕskwĭt-ooĭkŏŏk. (Nŭkskam oochŭchakool.)

34 Ha nel nŭmehapŭn ha nŭspeuwoolâm' nŭt choo Nŭkskam ookwŏŏsŭl.

35 Net ā'taeu' keesook Sabadĭs apch sĕhkĕt, ha nesoo tanĭhĭ ĕgĕhkemajĭhĭ [wejāooawŏl.]

36 Ha ootŭtlŭsagehal Sāsoosŭl pāmoosālejĭl, eetŭm: Sagĭhŏŏk'! ootŭsepeesŭmŭl Nŭkskam!

37 Ha yookt nesooŭk egĕhkemoojĭk oonoodoowawŏl Sabadesŭl ĕtlewĕstoolejĭl, ha nā'gŭmow oonoosoogᴐᴐawŏl Sāsoosŭl.

38 Eaga Sāsoos kwŏŏlpekapooĕsoo, ha oonŭmĭha oonoosookagoo, ha ootĭha:

Kĕkwsā' kwelooŏtooĕkw? Ootehawŏl: Labei, tan kese kwŏŏlpewetasĭk, eetŭmŭn, Uktŭbĕltŭm, (Sakŭm) tama' k'tĭh'?

39 Sāsoos ootĭha: Ch'kookowdĭkw, ha k'nŭmetoonea'ch. Pĕtkowtooŭk ha oonŭmetoo'nea tan tĕt āelĭt, ha wejāooawŏl net keesook. Tamaha'l 'nkoodĭnskĕgāwā' paskoodeegŭn.

40 Pĕskw nĭkt nesejĭk ooskedăp'eŭk ta-

nĭk oonoodoo-owŏsŭb'ŭnĭl Sabadesŭl ĕtlewĕstoolejĭl, ha neaga n'noonŏŏsoogooŏnea Sāsoosŭl, Atŭlā' nŭt, Semoo Peāl wĕjegededejĭl.

41 Nāgŭm tŭmk oomŭskooŏl wĭjegededejĭl Semooŭl, ha ootĭhal : N'mŭskooŏn Newĕskwĭt, tan kese kwŏŏlpewetasĭk edasoo Mĭmkwāna.

42 Ha oopĕjĭphal Sāsoosk'. Sāscos āsagĭhat, eetŭm : Kel Semoo, Sona ookwŏŏsŭl. Keel ŭktŭlewehoogŭch Seepŭs, tan kese kwŏŏlpewetasĭk, edasoo, Pŭnŏp'skw, (Peāl.)

43 Net kŭtŭk ātaeu' keesook Sāsoos kŭtelehĕ Goolelĕtk, ha oomŭskoowŏl Pelĭpŭl, ha Sāsoos ootĭhal : Noosookooĭn'.

44 Net Pelĭp tŭlāoweu Bĕtsādāk, Atŭlā' ha Peāl ootoodĕnāwŏ.

45 Pelĭp oomŭskooŏ Nataneālŭl, ha ootĭhal : N'kesĭmskooŏn nāgŭm tan Mooes ŭtploodŭmooagŭn ĭkŏŏk, ha neaga nekanĭkchĭjetakāwĭnooŭk ootoowĭkhowŏsĭbŭnĭl, nŭt nŭt Sāsoos Sosĕp ookwŏŏsŭl, tan oochā' Nasalĕtk.

46 Nataneāl ootĭhal : Māch kese kĕkw kŭlooŭt wĕjenoodahhak Nasalĕtk ? Pelĭp ootĭhal : Ch'kooe ha sagĭht.

47 Sāsoos oonŭmĭhal Nataneālŭl wĕchkooehalejĭl tan āĭt, ha ootŭle-āgŭnemal : Sagĭhŏŏk ! Islĕlk wedătkoonkŭsĭt, kĕtlāwāooagŭn ĭkŏŏk, tan oohŭkek kĕspoogahlŭtooagŭn skat eyewe.

48 Nataneāl ootĭhal : Tama tĕt koochĭk-

chejĭhe nel? Sāsoos asedāmat, ootĭhal: Mĕskw wekwĭmlook'w Pelĭp, ā'eŭn āmĕkāoo meenĭk-ŭpŭs', k'nŭmehooloopŭn.

49 Nataneāl asedāmat, ootĭhal: Labei, N'sa'kŭmam, kel Nŭkɛkam Ookwŏŏsŭl, kel Islĕl Ookĭnchāmŭs'ŭmŭl.

50 Sāsoos asedāmat, ootĭhal: Eebŭchŭl k'tehooloopŭn, k'nŭmehooloopŭn āmĕkāoo meenĭk ŭpŭs', netwāje oolămāwĕlmeŭn? k'nŭmetoonŭl'ch ăjenŭgŭmkĭkwŭnool, ăjeŭsŭge-na'gootool, skatŭk neetŭl.

51 Ha neaga ootĭhal: Ulāu, ŭlāu, yŭhool, ĕlmeha'kch k'nŭmedoo'nch spŭmk pantĕhtĕhch', ha Nŭkskam ootasālĭm oonagĭh'eŭk ha neaga āmĕhkĕheŭk pŭmowsooĭn Ookwŏŏsŭl oohŭkĕk.

Chapter II.

1 Ha noohooāwā' keesook nebooöwagŭn egĕhāpŭn Cānāk, Goolelĕtk, ha Sāsoos wegooŭsŭl net eoobŭnĭl.

2 Ha neaga Sāsoos ha neaga tanĭk wĕdŭkĕhkemootpŭnĭk oohŭkĕk wekwemabŭnĭk nebooöwa'ɡŭnŭk.

3 Ha tan mĕchehak mĕkwabak Sāsoos wegooŭsŭl ootehapŭnĭl Sāsoosŭl: Skadama oomĕkwabakŭme'weyŭk.

4 Sāsoos ootĭhal: Apĭt' wowchehool? n'tĕbŭnaskooe-hagŭm mĕskw egŭhāoo.

5 Wegcoŭsŭl ootĭha lookā'wenoo: Tan Sāsoos yŭhoolakw, net ŭlookhŭtĭkw.

6 Net ŭpooltooŭk net kamachĭn samag-

wŏnāyak pŭnŏpskwaŭk katkookŭk, Lĕsweesŭk etŭlewŏkŭmālŭtĭmkāwāamooŏ ĭkŏŏk; lcbŭskasooltooŭk hal nesĭnsk galonŭk.

7 Sāsoŏs ootĭha: P'sŭnpĕhlook samagwŏnāyak katkookŭk samagwŏn. Ha oopŭsŭnŭpĕhlawŏ, ha tĕtpŭpĕhlawŏ.

8 Ha ootĭha: Oochesoogatook tŭkā'ch ha lapelŭmoowŏŏk' ĕtlesakŭmowĭt wĭkŭpaltemŭk. Neaga ootŭlăpelŭmooŏn'ea.

9 Tan toocheu ĕtlesakŭmowĭt wĭkŭpaltemŭk kese kwĕtŭk samagwŏn, tan mĕkwapakĕhtasĭk, ha skat ookŭjejetooŭn tama' tŭlā', kānookŭloo lookāwenooŭk tanĭk soogatagwĭk samagwŏn ookŭjejetoo'nea, ĕtlesakŭmowĭt wĭkŭpaltemŭk wĭhkwemal moosemāleāool,

10 Ha ootĭhal: 'Mseu wĕn tŭmk poonĕhtakw mĕkwabak kĕlooŏk, ha ookese-mŭkĕsŭmooltetĭt, toocheu tan skat ĕdooche-kŭlooŭtoonook. Kānookŭloo kel kese 'nkĕhtoon kĕlooŏk mĕkwabak malŭmŭtā tŭkāch'.

11 Net yoot tŭmkāwā kenooŏskoodeegŭn Sāsoos kesetakwpŭn Cānāk, Goolelĕtk, ha ooměsooādoonāpŭn ookechetŭmetŭhadŭmooagŭn, ha tanĭk wĕtŭkĕhkemootpŭnĭk oohŭkĕk ootŭle-wŏŏlămsŭtŭm-ooteneapŭn oohŭkĕk.

12 Net agĭmtĕ Sāsoos lebŭnĕhgwĕsoopŭn Cāptĭlncŭmk', nāgŭm ha wegoo'ŭsŭl, ha wĭjegemajĭlhĭ ooskedape, ha neaga tanĭk wĕtŭhkĕhkemoojĭk oohŭkĕk, ha yoot tĕt skat oosĭpkeyool-teuneaweepŭn.

13 Net kāga Lĕsweesŭk oonankŭmĭhakāwāa'mooŏ, ha Sāsoos ŭtkwakwĕhĕ Sāloosălĕmk'.

14 Ha ootŭtlĭmskooŏh K'chehemeāwĭgwamŭk nĭkt tanĭk ĕtlankoohŭtelejĭhĭ koo-oosoo, ha ŭseep, ha plĕs, ha noocheĕswŏŏngĭk man ŭpooltŏŏ.

15 Ha ooche-kesĕhtoon ebĕs' ababŭsees' ĭkŏŏk, 'mseu oochenoodĕpow'oola K'chehemeāwĭgwamŭk, ha koo-oosoo, ha ŭseep, ha oosoogeiakan nooje-ĕswŏŏngĭk oomanĭm'ooŏh, ha ookŭtkwādooanŭl ootatooe'-pooteewŏl.

16 Ha ootĭha tanĭhĭ ankooĕkhatejĭhĭ plĕs: Sĕmatŏŏk netŭl: Moo sak malsanĭgwŏmādooakĕkw N'mĭhtakws week.

17 Ha tanĭk wĕtŭkĕhkemoojĭk oohŭkĕk oomĭkwetŭhadŭmŭnea ootŭlwĭkhasĭn: Ookŭsĕlmŭkwsoot kel kegŭk tŭlā', nŭhkahlŭkoon.

18 Netwāje Lĕsweesŭk asedĕmatĭt Sāsoosŭl, ootĭhawŏl: Kĕkwsā' kenooŏskoodeegŭn mĕsooĕhtooeĕk koojelĕhtoon netŭl?

19 Sāsoos asedāmat, ootĭha: N'kekaskwŏŏskātŏŏk yoot K'chehemeāwĭgwŏm, ha n'soogŭnŭk' n'kesetoonch'.

20 Netwāje Lĕsweesŭk eetŭmootĭt: Nāooĭnsk kĕseegŭtŭn chĕl kamachĭn kwŭnetasoopŭn yoot k'chehemeāwĭgwŏm, ha kelŭch' kesetoon'ch n'soo'gŭnŭk?

21 Kānookŭloo Sāsoos wĕskoo'ootŭk oohŭk ookechehemeāwĭgwŏmĭn.

22 Netwāje keseabĭjebĕt', tanĭk wĕtŭkĕh-

kemoojĭk oohŭkĕk omĭkwedŭhadŭmŭlĭn nāgŭm ookese-yoohoogoon-ea'bŭnĭl yootŭl. Ha oolămsŭtŭmŭn'ea tan ĕlwikhasĭk [K'chewĭkheegŭnŭk,] ha neaga kŭlooswagŭn tan Sāsoos kese-yŭhatpŭn.

23 Na tan toocheu Sāsoos āĭt Sāloosŭlĕmk wĭkhŭpaltemŭk nankŭmĭhakāwā, wĭkhŭpaltooekeesookŭk, ŭktanowksooŭk wĕlamsŭtŭmootĭt wesooŭnŭk, tan toocheu nĕmetooteejĭl kenooŏskoodeegŭnŭl tanŭl keselĕhtakājĭl.

24 Kānookŭloo Sāsoos skat ootŭle-oolamsŭt-ooawŭn oohŭkāwŏk; eebŭchŭl 'mseu wĕnĭhĭ ookŭjejeha;

25 Ha skat ootŭmetŭhamoweŭl wĕnĭl oonŭspeuwoolamāwŏn ooskĭjenooŭl; eebŭchŭl oonŭkanŭnŭm'ŭnŭl tanĭl kĕkwsăl āekĭl pŭmowsooenooŭk.

Chapter III.

1 Naga ooskedape āĭtsŭbŭnŏk' Pălooseŭk oohŭkāwow' ĭkŏŏk lewesoosŭbŭnŏk Nĭkoodĕm, tanŏk ĕtlĭtploodŭm-ooenooĭtsŭbŭnŏk Lesweesoo ĭkŏŏk.

2 Nāgŭm ootĕtle-pŭkŭche-anĕsŭp'ŭnĭl Sāsoosŭl nebayoo, ootehasŭp'ŭnĭl: N'sakŭmam, kŭjejehoolpŭn kŭnoodŭkĕhkckāmĭn wĕjehayĭn Nŭkskamoo ĭkŏŏk; eebŭchŭl skat wĕn cokeselātoonŭl yootŭl kŭnooŏskoodeegŭnŭl tanĭl kel kesetoonĭl, skat Nŭkskam wejehāma'kw.

3 Sāsoos asedāmat ha ootĭhal: Ulāu,

ŭlāu, yŏŏhool', skat wĕn mĭnooĭnŭmee-kooseekw, skatŭch oonŭmetooŭn Nŭkskam ookĭnchāmŭswagĭm.

4 Nĭkoodĕm ootĭhal: Tanŭch wĕn tŭlekese-nŭmekoosĭn kes kĕcheuskĭjenooĭt? kese pejĕsoo'p nesāwā' wegooŭsŭl ha apch numekoosoo?

5 Sāsoos asedāmat: Ulāu, ŭlāu, yŏŏhool, skat wĕn oochenŭmekoosekw samagwŏnĭkŏŏk, ha neaga Wĕje-oole-newĕskwĭtooĭkŏŏk, skat nāgŭm kesĭksehāoo Nŭkskam ookĭnchāmŭswakemŭk.

6 Tan kākw wĕjĭtkesĭtpehak 'mhŭkĕk, 'mhŭk net: ha tan kākw wĕjekesĭtpehak 'mchŭcha'kwooĭkoek, 'mchŭcha'kw net.

7 Moo sak asŭgetŭhasekŭch k'tehoolŭn choodĕhloo tĕpkaootoo k'tŭlnabeoolte'nea apch.

8 Woochowsŭn wĕtsŭk tan ĕleoole-dŭhadŭmooĭk, ha ke k'noe'tŭmŭn mĕtālāmsŭk, kānookŭloo skat k'chĭjetoo'ŭn tan wĕjea'k kŭsŭna tan āleha'k. Net tĕlāĭt 'mseu wĕn tan wĕje-ulnăb'eĭt Wĕje-oole-newĕskwĭt-ooĭkŏŏk.

9 Nĭkoodĕm asedāmat ootĭhal: Tanŭch yootŭl kĕkwsāl ŭlekeselāu?

10 Sāsoos asedāmat ootĭhal: Kel ĕtŭ ĕtlenoodŭkĕhkekāmeŭn Islāl ĭkŏŏk, ha skat k'chĭjetoo'nŭl yootŭl kĕkwsāăl?

11 Ulāu, ŭlāu, yŏŏhool' nooskoo-oodŭmŭnĕn' tan kĕje'tooĕk, ha nŭspeuwŏŏlama'dŭ-

mŭnĕn' tan neme'tooĕk, kānookŭloo kelooow' skat wĭhkwātoone'owweepŭn nŭspeuwŏŏlamāwa'gŭnŭn.

12 Kese yŏŏhoolĕkwsŭbŭn tanĭl ooskĭtkŭmĭkwāwāăl skat oolămsŭtŭmooākoosŭbŭn, tanŭch k'tŭle-oolămsŭtŭmŭn'ea yŏŏhoolāākw tanĭl spŭmkeek tŭlāyŭl?

13 Ha skat wĕn kese oona'gĕsu spŭmkeek nŭt tĕpŏŏkt nāgŭm tan wĕje-pŭnāgwāsĭts spŭmkeek, ea' pŭmowscoĭn Ookwŏŏsŭl tan eu spŭmkeek.

14 Ha stŭkā' Mooes tĕleunagĕlatpŭn hatoosĭsooŭl bakŭtakŭmeekw, net tŭkāch ootachooc-leoonagĕhlan pŭmowsooĭn Ookwŏŏsŭl.

15 Wĕlaman 'mseu wĕn tan wĕlămsŭtŭk oohŭkĕk ooteĭnch askŭmowsooagŭn.

16 Eebŭchŭl Nŭkskam ĕdooche-moosajĭtpŭn ooskĭtkŭmĭkw wĕjemelooĕtpŭn wĭhwebu Ookwŏŏsŭl, wĕlaman mseu wĕn tan wĕlămsŭtŭk oohŭkĕk, skatŭp ŭksekāhāwe, kānookŭloo ooteĭnp askŭmowsooagŭn.

17 Eebŭchŭl Nŭkskam skat oocheŭlkemowe'bŭnĭl ookwŏŏsŭl ooskĭt'kŭmĭkw oonmăjĭtploodŭmŭlĭn ooskĭtkŭmĭkw, kānook oochĭlkema'bŭnĭl wĕlaman ooskĭt'kŭmĭkw oochekekan oohŭkĕk.

18 Tan wĕn wĕlămsŭtŭk oohŭkĕk skat oonmăjĭtploomaoo; kānookŭloo nāgŭm tan skat wĕlămsŭtŭmo'o'k tŭkāch oonmăjĭtplooma: eebŭchŭl skat wŏŏlămsŭtŭmooŭn Nŭkskamŭl wĭhwebu Ookwŏŏsŭl wesooŭn ĭkŏŏk.

19 Ha yoot wejĭhak oonmăjĭtploodŭmooagŭn, eebŭchŭl pŭsakwhĕk egahak ooskĭtkŭmĭkw, kānookŭloo pŭmowsooenooŭk pāāmemoosaje'nea pĭskatĕk skat tĕtpu pŭshakwhĕk, eebuchŭl ookesctakŭnoowŏl skat kŭlooŭtoo'eŭl.

20 Eebŭchŭl 'mseu tan wĕn pooskewŏbŭlŭllookĕt oochŭseenŭmŭn pŭsakwhĕk, ha skat oopŭkŭcheowŭn pŭsakwhĕk, wĕlaman ootŭlookāwa'gŭnŭl skat oochemowŭnŭl.

21 Kānookŭloo tan wĕn wĕlămālookĕt (ootŭlātoon oolămāwagŭn,) pŭkŭchehĕ pŭsakwhĕk, wĕlaman ootŭlookāwa'gŭnŭl kŭjejeda'sooŭl oochekeseda'sooŭl Nŭkskam-ooĭkŏŏk.

22 Net kesĭtpehādool yootŭl kĕkwsăăl Sāsoos pŭkŭchehāāpŭn, ha neaga tanĭk wĕtŭkĕhkemoojĭk oohŭkĕk pĕdabasoo'bŭnĭk k'takŭmĭkŏŏk Lĕsweesooakĭk, ha net tĕt ĕtlemoweeooltetĭtpŭn, ha ĕtlepapteisooĕhlooatetĭtpŭn.

23 Ha neaga Sabadĭs ĕtlepapteisooĕhlooāāpŭn Enŭnk kwĭheu' Sālĕmk, eebŭchŭl k'tanagoot samagwŏn āĭkpŭn net. Ha pĕdabasoo'bŭnĭk ha papteisooĕhtasooltoo'bŭnĭk.

24 Eebŭchŭl Sabadĭs māch mĕskw peesĕhloweepŭn laplesoonŭk.

25 Naga toocheu' pabĕhchetooagŭn eegĕhĕ Sabadĭsk wĕtŭkĕhkĭmkoosejĭk ha Lĕswees ooche wŏkŭmĕhlŭswagŭn.

26 Ha pĕdabase'neăl Sabadĭsŭl ha ootehawŏl: Labei, (Tŭpĕltŭm,) nŭt ooskedap tan nesāowdeĕkpŭn Kamŭk Sooldŭnk, ha kel tan

něspeuwŏŏlămāootŭpŭn, sagĭht, nāgŭm papteisooěhlooě, ha 'mseu pŭmowsooenooŭk oopědabaseeneal.

27 Sabadĭs asedāmat, eetŭm: Skadama wěn oomŭsŭnŭmooŭn kākw, skat oocheme'lamook' spŭmkek.

28 Kelooow' koojĭnspeuwŏŏlamhŭteeba nel yŏŏhoolākpŭn nel skat Newěskwĭt, tan Mĭmkwānoo; kānookŭloo nekankĭmk' nāgŭm oohŭkěk.

29 Nāgŭm tan ā'uŏt matamăleāwŏŏl, moosemăleā nŭt; kānookŭloo moosemăleā weda'beŭl tan sěhkět ha oonoodoowŏl moosemăleāwŏŏl, kŭma'ch oole'dŭha'soo ooche moosemăleāool ěltakwseelĭt. Netwāje yoot nooledŭhasooagŭn psŭntě.

30 Nāgŭm chŏŏ pŭme'nŭgŭmkĭl, kānookŭloo nel chŏŏ n'pŭmeăpsŭgĭl.

31 Nāgŭm tan wějehat spŭmŭk mowespāu. Tan tŭlā' k'takŭmeegook, k'takŭmegwāwā' net, ha ooskoo-oo'dŭmŭn k'takŭmĭkw. Nāgŭm tan wějehat spŭmkek mowespāu.

32 Ak tan němetakwpŭn ha neaga tan noodŭkŭpŭn, wějĭnspeuwŏŏlamět, ha oonŭspeuwŏŏlamāwagŭn skadama wěn wekwěhtoo'ŭn.

33 Nāgŭm tan wekwěhtoon oonŭspeuwŏŏlamāwagŭn kesĭnspeuwŏŏlamalat Nŭkskamŭl oolămāwagŭnelĭn.

34 Nāgŭm tanĭl Nŭkskam ělkematpŭnĭl eetŭmŭnŭl Nŭkskamŭl ookŭlooswa'gŭnŭl;

eebŭchŭl Nŭkskam skat ootŭlemeloo-owoonŭl Wĕje-oole-newĕskwilejĭl ŭtpeheegŭnŭk.

35 Wĕgwŏŏsĭt Nŭkskam oomoosajenŭl Wĕmĭtakwselejĭl Nŭkskamŭl, ha 'mseu kākw oomclan oopetenŭk.

36 Nāgŭm tan wĕlămsŭtŭk Wĕmĭtakwselejĭl oohŭkĕk, ooteĭn askŭmowsooagŭn. Kānookŭloo nāgŭm tan skat wĕlāmsŭtŭmook' Wĕmĭtakwselejĭl, skatŭch oonŭmetoo'ŭn pŭmowsooagŭn; kānookŭloo Nŭkskam ookeiooagŭn ŭngĕsoo oohŭkĕk.

Chapter IV.

1 Netwāje tan toocheu Uksakŭmamŭn ookŭjeje'toonāpŭn Pălooseŭk ookese-nootŭmatenea Sāsoosŭl ookesĕhlan ha ookese-papteisooĕhlan peāme-ŭkchā'oweu' noojekĕhkemajĭhĭ skatŭk tĕtpeu Sabadĭs;

2 Cheegow' skat Sāsoos papteisooĕhlooĕkw, kānookŭloo tanĭk wĕtŭkĕhkemoojik oohŭkĕk papteisooĕhlooatooŭk;

3 Oonŭkŭtŭmŭnāpŭn Lĕsweesooakĭk ha ŭlehāpŭn Goolelĕtk.

4 Ha chooe-lesabehāpŭn Samālĭk.

5 Netwāje pŭkŭchehĕ oodānĕk Samālĭk tŭlā'lewe'sooweŭ' Seikŭl, kwĭheu' k'takŭmikwses tan Sako'p kese melătpŭn ookwŏŏsŭl Soosĕpŭl.

6 Nŭt Sakop' weuhtabĭlmŭset net tĕt eoopŭn. Sāsoos netwāje kŭspŭnāoos ŭnhoolbĕsĭn weuhtăbĭlmŭseelĭt. Ha tamahal' abaskwe.

7 Net Samāleāwĭskw' pŭkŭchehŕ oonadapelŭm. Sāsoos ootĭhal: Sĭh'mooĭn'.

8 Eebŭchŭl ĕgĕhkemātpŭnĭhĭ labasoo'bŭnĭk oodānĕk oonatŭnŏchhmŭn'ea mechooagŭn.

9 Neaga netwāje Samāleāwĭskw' ootĭhal: Tan ŭlāu kel Lĕsweesooeŭn ĕgwĕjĭm'eŭn ĕlŭsmeŭn nel, nel Samāleāwĭskw'? Eebŭchŭl Lĕsweesŭk ha Samāleāweŭk skat oosewākaltoolte'weuk.

10 Sāsoos asedāmat ootĭhal: Kŭjeje'tooŭnsŭpŭn Nŭkskam ootŭlĕlmŭgwĕmkāwāyăm, ha neaga ŭkchĭjehŭtsŭbŭn tan wĕn yoo'hoosk Sĭh'mooĭn', kweloodŭmooŏnāpŭnp, ha ŭkmĭlkoonāpŭnp' samagwŏn pĕmowhsooĭk.

11 Apet ootĭhal: Sakŭm, toowŏbĭlmŭsoot' skadama ŭkteuow', ha weuhtăbĭlmŭset pĭhtălgŭt; netwāje tama tĕt ŭkteĭn yoot samagwŏn pĕmowhsooĭk?

12 Kel ŭkpeāmespā' skatŭk kŭmĭhtakwsŭnook' Sako'p, tanak melĭnmŭkpŭn yoot weutabĭlmŭset, ha wĕjŭsmetpŭn nāgŭm, ha neaga oonejan', ha neaga ootoohĕm'?

13 Asedāmat Sāsoos ha ootĭhal: M'seu wĕn tan wĕjŭs'ŭmĭt yoot samagwŏn, apchŭch kŭdoowŏŏsŭmoo;

14 Kānookŭloo tan wĕn wĕjŭs'ŭmĭt samagwŏn tan nel melook'ch, skatŭch kŭdoowŏŏsŭmeu askŭmeu'. Kānookŭloo samagwŏn tan melook'ch nel, ootabĭlmŭsĭnch' oohŭkĕk, lemoos-kakŭmetĕhāch askŭmowsooa'gŭnŭk.

15 Abĭt ootĭhal: Sakŭm, melĭn yoot

samagwŏn, wĕlaman skatŭch n'kŭdoowŏŏs'ŭmeu, kŭsŭna skatŭch noochkooĭhow nadapeelŭmoo.

16 Sāsoos ootĭhal: Ulĭh', ha wĭhkweman' kooskedapĕm, ha koochkooĭhan yoot.

17 Asedāmat āpet ha eetŭm: Skadama nooskedapĕmeu. Sāsoos ootĭhal: Koolămāheetŭm, Skadama nooskedapĕmeu :

18 Eebŭchŭl kel nanoobŭnĭk kocskedăpūmŭk; kānookŭloo ooskedăp tan āuŭt tŭkā'ch, skat nesooweuneu. Ulāu eetŭmŭn.

19 Apet ootĭhal: Sakŭm, nŭmĭhtoon ŭknekanĭkchĭjetakāweenooĭn.

20 N'metakwsŭnook tŭlyŭmehatoo'bŭnĭk yoot woochŏŏk, kānookŭloo kelooow' uktetŭmooteba Sāloosălĕmk ĕchooetŭlyŭmehamŭk.

21 Sāsoos ootĭhal: Apet, oolămsĭtooĭn tĕbŭnaskooĭhak chkooehĕ tanŭch toocheu skatŭch wĭhwenooamawewa Wĕgwŏŏsĭt Nŭkskam yoot woochŏŏk, kŭsŭna Sāloosălĕmk.

22 Kelooow' skat kŭchejetoonea tan kākw wĭhwenooŏdŭmĕkw. Neloon nkŭjejĭhan tan wĭhwenooamoo'kŭt; eebŭchŭl kekāwagŭu oochehĕ Lesweesooĭkŏŏk.

23 Kānookŭloo tĕbŭnaskooĭhak kŭteëgĕhĕ ha tŭkāch' egĕhĕ, tan toocheu oolămāwagŭneemehāwenooŭk wĭhwenooamawŏlch' Wĕgwŏŏselejĭl Nŭkskamŭl 'mchŭchakoo-ĭkŏŏk, ha oolămāwagŭn ĭkŏŏk. Eebŭchŭl Wĕgwŏŏsĭt Nŭkskam ookwelooŏhŭ wĭhwenoowŏmkoon yŭhŏŏht'.

24 Nŭkskam 'mchŭchakweu, ha tanĭk wĭhwenooamajĭk, ootachooe-ŭlewĭhwenooamawŏl 'mchŭchakoo ĭkŏŏk, ha oolămāwagŭn ĭkŏŏk.

25 Apet ootĭhal: Nkŭjejĭhtoon tan Mĭmkwānoot chkooĭhĕ, tan ĕlewesĭt Newĕsk. Tan toocheu pŭkŭchehatŭch 'mseuŭch kĕkwsăl ŭktagŭnoodŭm-agoonĕnooŭl.

26 Sāsoos otĭhal: Nel wĕskooeemŭl, nel nŭt.

27 Net tĕhna oopĕdabaseelĭn tanĭhĭ ĕgĕhkemajĭhĭ, ha asŭgedŭhasooltooŭk ooskooeman āpelejĭl. Kānookŭloo skadama wĕn eetŭmoo, Kākw kwelooŏhtooŭn? kŭsŭna, kĕkwsā' wĕche-ooskooeemŭt?

28 Un āpet oonŭkŭlal ootatooŏhpelŭmŭsooteŭl, ha ŭlĭhĕ oodānĕk, ha ootĭha pŭmowsooenoo,

29 Chkooabasĭkw, ha sagĭhook pŭmowsooĭn, tan· agŭnoodŭmooĭtpŭn tan 'mseu kĕkwsāăl ĕletakeanpŭnĭl. Skat nŭt tan Mĭmkwĕnoot? Newĕskooĭt?

30 Netwāje noodeabasetĭt oodānĕk, ha pĕdabasooŭk tan āelĭt..

31 Net tĕhna tanĭk ĕgĕhkemoojĭk oohŭkĕk wekoodŭmooŏnea Sāsoosŭl ootĭhawŏl: 'Nsakŭma'mŭn, mĭts.

32 Sāsoos ootĭha: N'teĭn mechooagŭn tan .meeche, tan kelooow' skat kĕje'jetoo'ĕkw.

33 Netwāje nootŭkĕhkemoojĭk yŏŏhoo-

dooltooŭk: Māch wĕn kĕkwsā' ookesepŭjĭptooŏn tan meecheelĭt?

34 Sāsoos ootĭha: Net neeloo n'tŭlĕhtagan nāgŭm ootooledŭhadŭmooagŭn tan pedŭkemĭtpŭn, ha n'ke'sātoo'ŏn ootlookāwagŭn.

35 Skat ŭktedŭmoopa māch nā'ooŭk kesoosŭk toocheu' kooŏkwnĭkhŭtĭn? Sagĭhŏŏk, 'ktehoolpa, woonagĕhtŏŏk ŭkseskoo'wŏl ha sagĭhtŏŏk pĕmskoodāgĭl, eebŭchŭl tŭkāch' wŏtĕptādool ooche kooŏkwoonaasoo; (eebŭchŭl tŭkā'ch wŏbā'uŭl keslĕskwtāādool ooche kooŏkwoonaasoo.)

36 Ha nāgŭm tan tĕmsawĕt oomŭsŭnŭmŭn abĕnkagŭn, ha koowŏkŭneegĕ askŭmowsooagŭn ĭkŏŏk: wĕlaman nāgŭm tan ĕkehkĕt ha nāgŭm tan tĕmsawĕt mowewŏŏledŭhasooŭkch'.

37 Netwāje ŭlĭhak yoot kŭlooswagŭn: Pĕskw kehkĕ, ha kŭtŭk tŭmsawĕ.

38 K'pŭchetakaloopŭn k'tŭmsawŏn tan skat kese segŭlookhŭtŭmooākoopŭn. Kŭtŭkek ooskedāpĕk' segŭlookhŭtoo'bŭnĭk, ha kelooow' kŭseabaseneapŭn oosegŭlookāwagŭnooŭk.

39 Ha ŭktanakwsooŭk Samāleākāweŭk yoot oodānĕk tŭlāāyak, oolămsŭtŭmŭn'eal oohŭkĕk ooche āpet ookŭlooswa'gŭnŭk, tan ĕlĭnspeuwŏŏlamĭt, eetŭm: Nāgŭm nŭstoo'magoonŭl 'mseu kĕkwsāāl tanĭl ĕlāta'geanpŭnĭl.

40 Netwāje tan toocheu' Samāleākāweŭk

pĕdabaseetĭt āeelĭt, wekoodŭmooŏnea wejāagoo'nea. Ha net tĕt kwŭneheeyoo nesoogŭneu'.

41 Ha apch peāmĭktanakwroŏŭk wĕjeoolămsŭtŭmooteetĭt nāgŭm ookŭlooswa'gŭnŭk.

42 Ha ootehawŏl āpelejĭl: Tŭkwch noolamsŭtŭmootenĕn' skatŭk kel ŭkŭlooswa'gŭnŭk, eebŭchŭl neloon' noodooŏn' ha 'nkŭje'jĭhan wŏŏt nŭt oolămāwagŭn ĭkŏŏk oonoojekekĕh'ooŏn ooskĭtkŭmĭkw.

43 Un kese nesoogŭnŭkak Sāsoos oochemachĕhĕ yoot tĕt, ha pŭkŭchehĕ Goolelĕtk.

44 Eebŭchŭl Sāsoos ĕlĭnspeuwŏŏlămā nekanĭkchĭjetakā'wenoo skat ookeche-tŭmetŭhamkwŭsseewŭn oomŭtkĭk.

45 Netwāje toocheu pŭkŭchehĕ Goolelĕtk Goolelĕtkāweŭk wĭhkwĕhlawŏl, eebŭchŭl kese nŭmĭhtoonea'bŭnĭl 'mseu kĕkwsăl kesātakwpŭnĭl Sāloosălĕmk wĭkhŭpaltemŭk. Eebŭchŭl nāgŭmow pĕdabasoo'bŭnĭk ĕtlewĭkhŭpaltĭmkŭpŭn.

46 Neet Sāsoos apch pŭkŭchehĕ Cānāk, Goolelĕtk, tan tĕt ĕtlemĕkwabakātak'wpŭn samagwŏn. Ha tan wĕn ĕspesakŭmowĭt, (spesakŭm) eu, tan ookwŏŏsŭl ĕtlĭksenoo'kalejĭl Cāpŭlneŭmk'.

47 Tan toocheu kese noo'tŭmat Sāsoosŭl oopŭkŭchehalĭn Lesweesooakĭk, ha kesoochehalĭn Goolelĕtk, oopŭkŭchanŭl ha wĭhkoodŭmooŏn ootŭle-pŭnegwĕseelĭn, ha ooke'kŭhan ookwŏŏsŭl; eebŭchŭl kŭtemĕcheeneŭl.

48 Sasoos ootĭhal : Skat nŭmĭhtoo'ŭn kenooŏskoodeegŭnŭl ha neaga asŭgedŭhaswa'gŭnŭl, skatŭch koolămsŭtŭmooŭn.

49 Spesakŭm ootĭhal : Sakŭm chkooepŭnĕgwĕs' mĕskw 'nkwŏŏs mĕhcheenĕkw.

50 Sāsoos ootĭhal : Machŭha, kwŏŏs pŭmowsoo. Ha ooskedap wĕlamsŭtŭk kŭloosooagŭn tan Sāsoos yŭhat. Ha oomachŭhan.

51 Net pĕmebŭnĕgwĕsĭt ootasegagoo ooskenoosŭm, ha ootŭleagŭnoodŭmooawŏl, ootĭhawŏl : Kwŏŏs pŭmowsoo.

52 Toocheu' pabĕhcheemat tan toocheu' oomachĕhwŏŏl-mŭlsenĕs'. Ootehawŏl : Wŏŏlagoo nĕkwt ăjeehĕ, looegŭnŭkāwā' paskoodeegŭn, hŭpŭsooaagŭn ĕkwehooht.

53 Netwāje oometakwsŭl ookŭjejetoo'lĭn net temeaoo paskoodeegŭn Sāsoos yŭhatpŭn, Kwŏŏs pŭmowsoo. Ha colamsŭtŭmŭn nāgŭm, ha neaga 'mseu week ĕlebŭskak.

54 Net yoot nesāwā' kenooŏskoodeegŭn Sāsoos kesĕhtakw, kes kesuchehat Lĕsweesooakĭk, ha pŭkŭchehĕ Goolelĕtk.

Chapter V.

1 Net kes kesĭtpehak yootŭl kekwsāăl wĭkwhŭpaltenāāpŭn Lĕsweesoo ĭkŏŏk, ha Sāsoos ŭlĭtkwakwĕhāpŭn Sāloosălĕmk'.

2 Net Sāloosălĕmk' pĕgootābāāgĕk ëu kwĭheu' ŭsepĭkhagŭnĕhteegŭnŭk leweswou' Lĕswesooădooāmŭk, Bĕtĕsda, (K'tŭmagĕl-kāweekwŏm,) nanŭnool tŏŏhsanŭl.

3 Ha ŭktanakwsoobunĭk ĕlakwāchĭk ŭksenookāwenooŭk yootŭl tŏŏhsanŭl, 'nkabooltoobŭnĭk, ha askasooltooŭk, ha tanĭk nᴜ booĭkpŭnĭl oopete'nooŏl ha ookadooŏl, ootŭtlaskooŏhtooneapŭn, matpĕgātasoo samagwŏn.

4 Eebŭchŭl asāl' pŭnĕhgwĕsoopŭn kenooweu' chooŏhpĕsoopŭn pĕgootĕbāāgĕk ha mătpĕgātoonāpŭn samagwŏn. Netwāje tan wĕn tŭmk chāupĕsĭtpŭn kese mătpĕgā'tasĭk samagwŏn, nŭt kekŭhootpŭn tan kĕkwsā kĕsenookatpŭn.

5 Ha ooskedape ëu'bŭnŏk net tĕt tanâk' kĕsenookatpŭnŏk n'sĭnsk kĕseegŭtŭn chĕl oogŭmoolchĭn.

6 Sāsoos nŭmĭhat ootlŭsĭnlĭn, ha kŭjejĭhal ootŭlāeelin net kespĭhchĕ', ooteha'pŭnĭl: Koole'dŭha'dŭmŭn kekŭhoogĕn?

7 Tan kĕsenookat ootasedāmal: Sakŭm. skadama wĕn n'tëuaoo n'choopĕhlŭkoon pĕgootābāāgĕk tan toocheu samagwŏn mătpĕgātaasĭk: kānookŭloo kwāne-lehac tŭmk kŭtŭk nekane-chooŏhpĕsoo.

8 Sāsoos ootĭhal: Oonagĕs! oonagĕh't koo-oot', ha pŭmoosĕn!

9 Ha nŭkŭsaeu ooskedap' oolāu, ha oonagĕhtoon ookoo-oot', ha pŭmoosĕh. Ha net keesook atlasemooekeesook.

10 Netwāje Lĕsweesŭk ootĭhawŏl: Atlasemooekeesook yoot: skat kooche-kesĕltŭmagāāwŭn ŭlgetŭmooa'gŭnŭk ŭkpŭmĭptoon koo-oot'.

11 Ooskedăp ootĭha: Nāgŭm tan keekĭhĭt n'teehŭkw, Oonagĕht koo-oot', ha pŭmoosĕn', (pŭmĭh.)

12 Netwāje pabĕhchematĭt: Wĕn ëa' nŭt ooskeedăp tan yoohoosk', Oonagĕht koo-oot' ha pŭmowsooĭn? (pŭmĭh?)

13 Kānookŭloo tan kekŏŏhoot' skat ookŭjejehow'eŭl tan wĕnĭl: eebŭchŭl Sāsoos sĕmasŏŏp'ŭn, eebŭchŭl kŭtanakwsoobŭnĭk āooltĭtpŭnĭk net tĕt.

14 Agĭmtĕ Sāsoos ootŭtlĭmskoowŏl k'chehemeāwekwamŭk, ha ootĭhal: Sagĭh't kekŭhook'; moosa'k patawĕhkasekŭch ăpch: skat ăjemŭtooā-yenookĭch egahak ŭkhŭkĕk.

15 Ooskedăp machĕhĕ ha ootĭha Lĕswees Sāsoos nŭt tan kekŭhatpŭn.

16 Ha netwāje Lĕsweesŭk ootŭbloomawŏl Sāsoosŭl, ha ootŭkwājenāpahawŏl, eebŭchŭl yootŭl ĕlookājĭl atlasemooekeesook.

17 Kānookŭloo Sāsoos ootŭleasedāma: N'mĭhtakws pĕmlookĕt malŭmŭtĕ tŭkāch' ha nel n'tŭlook'.

18 Netwāje Lĕsweesŭk peāmekwāche-nāpahawŏl, eebŭchŭl skat tĕpŏŏk't oosŭgwŏŏskĕhtooŭn atlasemooekeesook, kānookŭloo māch ăpch etŭmoo'pŭn Nŭkskamŭl Oometakwsĭn, ha lĕhlŭsoopŭn ootĕtpowoote'nca Nŭkskamŭl.

19 Netwāje ootŭleasedāma, ootĭha: Ulāu; ŭlāu, tan yŏŏhoolĕkw, Wĕmĭtakwsĭt skatŭk kĕkw kese ŭnkoodŏŏkalĕhtagāoo'; tĕpŏŏkt

nŭmĭhat' Wĕgwŏŏselejĭl ĕlā'tagālĭt eebŭchŭl tānĭl Nāgŭm ĕlātagĕt, neetŭl ëaga Wĕmĭtakwsĭt tŭhaloo ĕlelĕhtagĕt.

20 Wĕgwŏŏsĭt oomoosalal Wĕmĭtakwselejĭĭ, ha ootŭgĕhkemanŭl 'mseu kĕkwsăă! tanĭl ĕlātagĕt. Ha oorr ĭsooātooŏnŭlch' ăjenŭkŭmkĭkoonool' skatŭk yootŭl, wĕlaman koocheasŭgedŭha-soolteneach'.

21 Eebŭchŭl stŭkā' Wĕgwŏŏsĭt abăjĭphat n'poo'enoo ha pŭmowsooĕtahsĭt, net pĕskoon Wĕmĭtakwsit pŭmowsooĕtahsĭt tan ĕle-ooledŭhadŭk.

22 Eebŭchŭl Wĕgwŏŏsĭt skat ootŭbloomoweyŭl wĕnĭl, kānookŭloo 'mseu ŭtploodŭmooagŭn oomeetan Wĕmĭtakwselejĭl.

23 Wĕlaman 'mseu wānĭk ookeche-tŭmetŭhamawŏl Wĕmĭtakwselejĭl stŭkā' ĕle-kechetŭhamatĭt Wĕgwŏŏsilĭjĭl. Tan wŏčt skat kechetŭme-tŭhamak'w Wĕmĭtakwselejĭl skat nāgŭm ookeche-tŭme-tŭhamow'eŭl Wegwŏŏselejĭl tanĭl pĕtŭkĭmtŭpŭnĭl.

24 Ulāu, ŭlāu, yŏŏhoolĕkw, tan wĕn noo'tŭk 'nkŭlooswagŭn, ha wĕlamsŭtŭk oohŭkĕk tan pŭtŭkĭmĭtpŭn, ooteeĭn askŭmowsooagŭn, ha skatŭch eegehāoo wŏŏnmăjĭtploodŭmooagŭn ĭkŏŏk; kānookŭloo ookeseuchenoodĕhĕ n'pooa'gŭnŭk agĭmtĕ pŭmowsooa'gŭnŭk.

25 Ulāu, ŭlāu, yŏŏhoolĕk'w, tĕbŭnaskoolhak kŭte-egĕhĕ, ha tŭkāch' kese-egĕhĕ, tan toocheu' n'pooenooŭk oonoodŭmootenea'ch Nŭkskam Ookwŏŏsŭl ookŭlooswagŭn; ha ta-

nĭk oonoodŭmootenea'ch pŭmowsooltooŭkch.

26 Eebŭchŭl stŭkā' Wĕgwŏŏsĭt āIt pŭmowsooagŭn oohŭkĕk, net ĕlemeelat Wĕmĭtakwselejĭl oote-eelĭn pŭmowsooagŭn oohŭkĕk.

27 Ha oomelanāpŭn pĕltŭmooagŭn ootŭbloodŭmŭlĭn, eebŭchŭl nāgŭm pŭmowsooĭn Ookwŏŏsŭl.

28 Moo sak' asŭksŭtŭmookĕkw yoo'tŭl. Eebŭchŭl tĕbŭnaskooĭhak egĕhĕ tan toocheu 'mseu wānĭk tanĭk āooltejĭk pooskŭnegŭnalkwĭkŏŏk oonoodŭmootenea'ch ookŭlooswagŭn ;

29 Ha ooche-mooska-basooŭkch, tanĭk kese wŏčlāta^khŭtĭtpŭnĭk, pŭmowsooagŭnā' abĭjebĕmkāwā' ĭkŏŏk ; ha tanĭk patawĕkasooltĭtpŭnĭk, wŏŏnmăjĭtploodŭmooagŭnā' abĭjebĕmkāwā' ĭkook.

30 Skat kĕkw n'kesĭnkwŏŏtoogŭtŭmoo. Tan ĕlenoo'dŭm net ĕlĭtploo'dŭm ; ha n'tŭploodŭmooagŭn keakwĭhĕ. Eebŭchŭl skat 'nkweloŏŏtoo'ŭn nel nooledŭhadŭmooagŭn ; kānookŭloo n'kweloŏŏhtooŏn' Wĕgwŏŏsĭt ooledŭhadŭmooagŭn tan pĕtükemĭtpŭn.

31 N'speuwŏŏlamāuseân' nŭspeuwŏŏlamāwagŭn skat ŭlehău.

32 Kŭtŭk ëu tan nĕspeuwŏŏlamāwĭt, ak n'kŭjejĭhtoon oonŭspeuwŏŏlămāwagŭn ŭlĭhĕ, tan ĕlĭnspeuwŏŏlămāwĭt.

33 Kelooow' ŭktŭlgegĕsĭneaapŭn Sabadĭsk', ha nāgŭm lĭnspeuwŏŏlămāāpŭn oolămāwa'gŭnŭk.

34 Kānookŭloo nel skat noochewekwĕhtoo'ŭn n'speuwoolămawagŭn pŭmowsooenoo ĭkŏŏk. Kānookŭloo yootŭl kĕkwsāăl etŭmanĭl wĕla nan koochekekateneap'.

35 Nāgŭm (Sabadĭs) pŭsakwhāpŭn tŭlămkŭlāpŭn ha ŭksahtooāpŭn, ha kelooow' kooledŭhadŭm-ŭneapŭn makeāoo kooledŭhasooltenea oopŭsakwhĕgŭm ĭkŏŏk.

36 Kānookŭloo peāme nŭgŭmkĭkwŏŏn n'speuwŏŏlămāwagŭn n'teĭn skatŭk Sabadis oonŭspeuwŏŏlămāwagŭn; eebŭchŭl lookāwa'gŭnŭl tanĭl Wĕgwŏŏsĭt melĭtpŭnĭl n'kesātoon, yootŭl lookāwa'gŭnŭl tanĭl ĕlookcanĭl, nŭspeuwŏŏlămāookoonŭl, Wĕgwŏŏsĭt n'pĕtŭkĭmkoon.

37 Ha. N'mĭhtakws tan pĕtŭkemĭtpŭn n'kespeuwŏŏlamāookoopŭn. Kelooow' skat k'noodŭmooowŭneaweepŭn ĕltakwsĭt, kŭsŭna skat k'nŭmehoweuwaapŭn tan ĕleegĭt.

38 Ha ookŭlooswakŭn skat ŭktemooowwŏŏnea mĕjĭmtāwe ŭkhŭkāwĭkooŏk. Eebŭchŭl tanĭl pĕtŭkĭmatpŭnĭl, skat koolămsŭtooaweewa.

39 Wŏŏle-pabĕh-kesagĭhtŏŏk Nŭkskamāwāyăl Awĭkhăsegĭl, eebŭchŭl ŭktŭledŭhasoolteeba net tĕt ŭkte-e'nea askŭmowsooagŭn, ha yŏŏtŭl netŭl wĕjĭnspeuwŏŏlămāweekĭl nel.

40 Ha skat kooledŭhadŭmooneaweepŭn koochkoowehe-e'nea nel, ŭkte-eneăp' pŭmowsooagŭn.

41 Skat noojĭmsŭnŭmoo'ŭn kechetŭmetŭham-koosooagŭn pŭmowsooenoo ĭkŏŏk.
42 Kānookŭloo kŭjejehoolpa skat ŭkteoolteoonea Nŭkskam ookŭsĕlŭmooksooagŭn ŭkhŭkāwĭkooŏk.
43 N'pŭk'ŭche N'mĭhtakws wesooŭnŭk, ha skat ŭkwekwĕhlebahkwŏŏpùn. Apch kŭtŭk pŭkŭchehat' nāgŭm ŭtā wesooŭnŭk, koowekwĕhlawŏch' nāgŭm.
44 Tan' ŭktĭle-kese-oolam-sŭtŭmoote'nea? kelooow' kŭmŭsŭnŭmowtool-te'nea k'chetŭmetŭham-koosooagŭn, ha skat kweloŏhtoone'-a net k'chetŭmetŭhamkoosooagŭn tan wĕjehak' tĕpŏŏkt Nŭkskam ooĭkŏŏk.
45 Moo saak ŭledŭhasooltekĕkwk'mŭsĭmlŭbach' N'mĭhtakwsŭk. Eu tan wĕn mĕsĭmŭlakw, nŭt Mooes', tan oohŭkĕk ĕledŭhasoolteĕkw.
46 Eebŭchŭl woolămsŭtooĕk'w Mooes, koolămsŭtooeebapŭnp nel. Eebŭchŭl Mooes oochewĭkhegāpŭn ooche nel 'nhŭk.
47 Kānookŭloo skat wŏŏlămsŭtŭmooā'kw ĕlooĭkheegĕtpŭn nāgŭm, tanŭch ŭktŭleoolămsŭtŭmŭn'ea nel 'nkŭlooswa'gŭnŭl?

Chapter VI.

1 Agĭmtĕ yo tŭl kĕkwsāăl Sāsoos kwŏŏsŭ, asoopŭn Goolelĕĭk tŭlā' soo'bĕkw tan Teibeleŭs oosoobĕkwŭm.
2 Ha ŭktanakwsooŭk pŭmowsooenooŭk oonoosookwawŏbŭnĭl, eebŭchŭl oonŭmĭhtooneabŭnĭl kenooŏskoodeegŭnŭl tanĭl kesetagwĭl kĕsenookŭtejĭk oohŭkā'wĭkoo'ŏk.

3 Ha Sāsoos tkwakwāhāāpŭn woochŏŏk, ha net tĕt oomowoopĭh'anĕbŭnĭhĭ tanĭhĭ ĕgĕhkematpŭnĭhĭ.

4 Net nankŭmehamkāwā' wĭkoobalteemŭk kŭte-egĕhĕ: net Lĕsweesŭk wĭkoobaltĭmkāwāŭmooŏk.

5 Netwāje Sāsoos āwābeu labĕsoopŭn ha oonŭmĭha kĕselĭt pŭmowsoo'enoo wĕchkooabaselejĭhĭ tan nāgŭm āĭt, toocheu ootĭha'bŭnĭl Pelĭpŭl: Tamapa'l kesutŭn'ooha'n hŭpan tanĭlp' kese mŭhatejĭl yoohooh't?

6 Wĕjeyŭhat net ootookwĕtsskŏŏhlal: eebŭchŭl Sāsoos ookŭjejĭhtoon tanŭch ĕlātagĕch.

7 Pelĭp ootasedāma'bŭnĭl ootĭhal: Nesa'tkw denāleŭl, (man net tana'p n'koodĭnsk kĕsĭtkegoon,) ĕlaootĭt hŭpan skatŭp māmehāoo chegaoo ā'taseu wekwĕhlat ăpsŭgĭlsŭswŏŏl.

8 Pĕskooŭl yoohoo'ht pĕmŭkĕhkemajĭhĭ, Atŭlā', Semoo Peāl' wĭjegetetejĭl, ootĭhal Sāsoosŭl:

9 Ooskenooses ëuloo tan ā'ooŏt nanoo baleāwāya ŭpkwāseegŭn; ha neaga nesoo ŭpsŭgĭlsŭselejĭhĭ nŭmĕse's. Kākw pal nĭkt ŭleoolāta geŭk kĕsĭt pŭmowsooĭn?

10 Sāsoos eetŭm: Kesātoowŏŏk' pŭmowsooenooŭk oolagwŏnea. Ha net woolaskekĕ. Net nŭ oolagwŏn'ea ooskedăpeŭk, tamaha'l nanam'kwakŭs'ooŭk.

11 Ha Sāsoos wekwĕhlan yoohŏoh't ŭp-

kwāse'gŭn, ha kese oolasooĕltŭk oosesĕnmooŏn nĭhĭht ĕlagwĕlejĭhĭ. Ha neaga nŭm'ĕsā tan kĕsepawŏtŭmootĭt.

12 Tan toocheu' māmĭhpooltetĭt, Sāsoos ootĭha tanĭhĭ ĕgĕhkemajĭhĭ: Magweiyāoolŏŏk peĕhpŭnāgool; wĕlaman skat kĕkw ŭksĭhkāhāoo.

13 Netwāje mawāootootĭt, ha wĕje ŭpsŭnātooteejĭl nesankoodool pŭsŭnoo'teŭl peĕhpŭnāgool, tanĭl wĕje-peāmehagĭl wĕhkĕtkŭk nanook baleāwāyak ŭpkwĕseegŭnŭk tanĭk kesepooltĭtpŭnĭk.

14 Netwāje pŭmowsooenooŭk tanek' nĕmĭhtoo'tĭtpŭn kenooŏskoodeegŭn tan Sāsoos ĕlekesātakwpŭn, etŭmootoo'bŭnĭk: Oolŭmāwagŭn ĭkŏŏk woot nŭt neganedŭhasooeen tan kādepŭkŭchehatpŭn ooskĭt'kŭmĭkw.

15 Netwāje tan toocheu' kĕjejĭhat Sāsoos ookŭtepĕdabaselĭn oonăjĭt-kwŏŏnkŏŏn ha oonăjekinchāmŭs-wĕhlŭkoon, apch oomajĭhan, tkwakwĕhĕ wŏŏchŏŏk 'nkwŏŏtookwaeu'.

16 Un wĕlagwewĭk tanĭk wĕdŭhkĕhkemoojĭk oohŭkĕk mŭtabea'baselĭn sŭnoocheu'.

17 Noo ootĕba'base'nea ŭpŭso'lŭkŏŏk ha kwŏŏsŭkaha'nea soobĕkw, lĭmtŭtŭka'heyŭk Cāpŭlneŭmk. Ha agĭs pĭskĭtpookŭt, ha māch mĕskw Sāsoos pŭkŭchehawŭn āoolteelĭt.

18 Ha asoobĕkw ŭksatkwĭn ĕlĭkslămsŭk.

19 Netwāje kes ĕleĕljenaskwĕsoolteet'ĭt tamaha'l nŭhooŭk meiālŭk, kŭsŭnaha'l nŭhooŭk meiālŭk chĕl ābahseu, oonŭmehawŏl Sāsoosŭl

pĕmehalejĭl ooskĭtpāmŭk, ha chkooechŭse'hehŭl ŭpŭso'lŭkŏŏk, ha sĕksooltooŭk.

20 Kānookŭloo Sāsoos ootĭha: Ekwesĕksooltikw! Nel net.

21 Toocheu ooledŭha-sooĭm-sŭnawŏl ŭpso'lŭkŏŏk; ha net tĕhna ŭpsolŭkw ŭkwĕhĕ tan ĕlehatĭtpŭn.

22 Ehchĕhkwewĭk ā'taeu'kesook, tan toocheu' pŭmowsooenooŭk tanĭk sĕkŭltejĭk kameu' soobāgŏŏk oonŭmetoo'nea skadama kŭtŭk ŭpŭsolŭkw ĕeu nĕt tĕpook't pĕskoon, ha Sāsoos skat wejāwowebŭnĭhĭ tanĭhĭ ĕgĕhkemajĭhĭ ŭpŭso'lŭkŏŏk'; kānookŭloo tanĭk wĕtŭkĕhkemoo'bŭnĭk oohŭkĕk majāheoo'bŭnĭk n'kwootŏŏkookayoo;

23 Kānookŭloo kes ooche-kwŭhădoo'bŭnĭl kŭtŭkĭl ŭpŭso'lŭkool Teibeleŭsk, ha ŭkwŭhādoo'bŭnĭl kwĭheu' tan tĕt ĕtle-mejoolte-tĭtpŭn ŭpkwāseegŭn, kese oolasooĕltŭkpŭn K'sakŭmamŭn.

24 Netwāje kesenŭmetootĭt ŭkwtana.wsejĭk mowehamŭk Sāsoosŭl skat ooteĕlewŭn net, ha tĕhna tanĭk wĕtŭkĕhkemoojĭk oohŭkĕk, nāgŭmow nŭ tĕbĕsooltooŭk ŭpŭso'lŭgwĭkŏŏk, ha ŭkkwahlŭtooŭk Cāpŭlneŭmk oopĕjekwelooŏhawŏl Sāsoosŭl.

25 Ha kesĭmskooalĭt kamŭk, ootĭhawŏl: N'sakŭmamŭn, tanwĕk' ŭkpŭkŭcheha'ps yoot?

26 Sāsoos ootasedāma, ha eetŭm: Ulĭhĕ ŭlĭhĕ, yŏŏhoolĕkw, kwelooeheepa, skat eebŭch ŭl k'nŭmĭhtoonea'bŭnĭl kenooŏskoodeegŭnŭl;

kānookŭloo eebŭchŭl kŭmahawa'bŭnĭk ŭpkwāseegŭnŭk, ha neaga kŭmāme-pooltepapŭn.

27 Moo saak oocheloo'kŭtekĕk'w net mechooagŭn ĭkŏŏk tan pĕmĭksekahak: oolamĭsta'k oochelookŭtĭkw net mechooagŭn ĭkŏŏk, tan chĕnĕsĭk askŭmowsooagŭn ĭkook, tan pŭmowsooĭn Ookwŏŏsŭ lkŭmĭlkoonea'ch. Eebŭchŭl Wāgwŏŏsĭt Nŭkskam kese kenooŏskoolal netŭl.

28 Netwāje yŭhahtĭt: Tanŭch'n'tŭlātakhŭtenĕn lookadŭmoo-ook't Nŭkskam ootŭlookāwa'gŭnŭl?

29 Sāsoos asedāmat ha ootĭha: Yoot Nŭkskam ootŭlookāwagŭn, koolamsŭtŭmoote'nea nāgŭm oohŭk, tanĭl Nŭkskam kese lŭkemajĭl.

30 Netwāje outehawŏl: Kĕkwsā' kenooŏskoodeegŭn ĕloo'keŭn? wĕlaman kesenŭmĭhtoonānŭp, ha wĕlaman koolămsŭtoolpŭn? Kākw ĕlooka'dŭmŭn?

31 Kŭmĭtakwsŭnook' mĭjoolte'tĭtpŭnĭk' mana pĕnāgwĭk'pŭnĕkw bakatakŭmeekw. Stŭkā' tan ĕlooĭkhasĭkpŭn: Wĕjemelat'pŭnĕk' hŭpan spŭmkek, mejool'tĭlĭts'.

32 Netwāje Sāsoos ootĭha: Ulau, ŭlāu, yŏŏhoolĕkw, Mooes skat kŭmĭlkoone-awĭb'ŭnĭl hŭpan spŭmkek tŭlāyaoo: kānookŭloo N'mĭhtakws kŭmĭlkoonea'l oolămāwā' hŭpanŭl spŭmkeek tŭlāyaoo.

33 Eebŭchŭl Nŭkskam ootŭpa'nŭmŭl net nŭt tan wĕje-pŭnāgwĕsĭt spŭmkek, ha oomelooŏn pŭmowsooagŭn ooskĭt'kŭmĭkw.

34 Netwāje ootĭhawŏl: Sakum, mā'jemeu' melene woot hŭpan.

35 Sāsoos ootĭha: Nel net pŭmowsooagŭnā' hŭpan. Nāgŭm tan egŭhat n'hŭkĕk skatŭch kŭtoopeu; ha nāgŭm tan wĕlamsŭtŭk 'nhŭkĕk skatŭch kŭtoowŏŏsmeu' askŭmeu'.

36 Kānookŭloo ŭktehooloopapŭn, kese nŭmĭhepapŭn, ha skat koolamsŭtŭmooteba.

37 M'seu wĕn tan N'mĭhtakws melet pŭkŭchehĕch n'hŭkĕk. Ha tauŭch wĕn nāgŭm egŭhat n'hŭkĕk skatŭch nootā'gemow kwŭch'- ŭmŭk.

38 Eebŭchŭl wĕje-bŭnĕgwĕseŭnpŭn spŭmkek skat n'tŭlookawŭn tan nel ĕlëooleedŭhadŭm; kānockŭloo 'ntŭlook tan nāgŭm eleooledŭhadŭk tan pĕtŭkemĭtpŭn.

39 Eebŭchŭl yoot N'mĭhtakws ooledŭhadŭmooagŭn, 'mseu wĕn tan nĕmĭhat Wĕmĭtakwselejĭl, ha tĕhna oolamsŭtŭmŭnŭl oohŭkĕk, ooteĭnp askŭmowsooagŭn. Ha nel noonagĕhlach 'mchŭsŭlāwā' kesook.

40 Ha yoot nāgŭm ooledŭhadŭmooagŭn tan pĕtŭkemĭtpŭn, 'mseu tan melĭtpŭn, skatŭp 'nkŭskatooŭn kĕkwsā, kānookŭch noonagĕhtoon 'mchŭsŭlāwā' keesook.

41 Netwāje Lĕsweesŭk mamsĕlāwĕstooteetĭt nāgŭm ooche, eebŭchŭl eetŭm, Nel hŭpan tan wĕje-bĕnegwĕsĭtpŭn spŭmkek.

42 Ha etŭmootooŭk: Skat yoot Sāsoos, Soosĕp' ookwŏŏsŭl? tan oonekekoo kŭjejeetoo-

ŏnānoo? Netwāje tau ootŭlekese-eetŭmŭn, Nel wĕje-bĕnegwĕse-yanpŭn spŭmkek?
43 Sāsoos asedāmat, ootīha: Ekwemamsĕletooltĭkw.
44 Skat wĕn kese-egŭhāoo 'nhŭkĕk N'mĭhtakws tan pĕtŭkĭmĭtpŭn skat wĭhkwŏŏnakw: ha noonagĕhlach 'mchŭsŭlāwā' keesook.
45 Net tĕlooĭkhasĭk negane-dŭhasooenooŭk ootooĭkheegŭnoo-owikŏŏk: Ha 'mseuŭch kĕhkĭm-kwŭsooltooŭk Nŭkskam ooĭkŏŏk. M'seu wĕn tan wĕjenootŭkŭbŭn Wegwŏŏsĭt Nŭkskam ooĭkŏŏk ha wĕtŭhkĕhkĭmkoosĭtpŭn oohŭkĕk, 'npĕtĕhkakw.
46 Skatama wĕn oonŭmĭhaëŭl Wĕgwŏŏselejĭl Nŭkskamŭl, tĕpŏŏkt nāgŭm tan wĕjeatpŭn Nŭkskam ooikŏŏk, nāgŭm kese nŭmĭha'bŭnĭl Wĕgwŏŏselejil Nŭkskamŭl.
47 Ulĭhĕ, ŭlĭhĕ, tan yŏŏhoolĕkw, tan wĕlamsŭtŭk n'hŭkĕk, ooteĭn askŭmowsooagŭn.
48 Nel pŭmowsooagŭnā' hŭpan.
49 Kŭmĭhtakwsoo-owk oomĭjoolteneapŭu mana pĕnĕgwĭkpŭn, ha mĕchĭnhŭtoobŭnĭk.
50 Woot nŭt hŭpan tan wĕjepŭnĕgwĕsĭt spŭmkĕk, wĕlaman wĕn mahatp ha skatŭch mĕchĭnāwŭp.
51 Nel n'hŭk woot hŭpan pĕmowsĭt net, tan wĕje-pŭnegwĕsĭtpŭn spŭmkek: tan wĕn wĕjemahat yootŭl hŭpanŭl askŭmowsooch'. Chŏŏ kĕtŭlal' hŭpanŭch tan nel melooĭh, nel nooeoosŭm, tan nel melooa'nch ooche ooskĭt'kŭmĭkw oopŭmowsooagŭn.

52 Netwāje Lĕsweesŭk kv ĕjewākwa-mowtoolteetĭt, yŏŏhoodooltooŭk: Tanŭpa'l wŏŏt ooskedap tŭle-kese-mĭlkoonā'n oohŭk kŭmĭjemoo'ŏnān'?

53 Netwāje Sāsoos ootĭha: Ulău, ŭlău, yŏŏhoolĕkw, skat mechewĕkw' pŭmowsooĭn Ookwŏŏsŭl oohŭk, ha oopŭkŭnoom' skat kŭdoosŭmoolteewĕkw', pŭmowsooagŭn skatama ŭkteu'nea ŭkhŭkāwĭkooŏk.

54 Tan mechĭt 'nhŭk, ha kedoo'sŭmĭt 'npŭkŭnoom, ooteĭn askŭmowsooagŭn; ha noonagĕhlâch' m'chŭsŭlāwā' keesook.

55 Eebŭchŭl nel 'nhŭk oolamāwe-mechooagŭn net, ha 'npŭkŭnoom oolămāwe-kŭtocsúmooagŭn net.

56 Tan mejĭt 'nhŭk ha kedoosŭmĭt' 'npŭkŭnoom, oomājĭmka'dŭmŭn n'hŭkĕk, ha nel nŭnmājĭmkala oohŭkĕk.

57 Stŭkā' N'mĭhtakws pĕmowsĭt pĕtŭkĭmĭtpŭn, ha wĕjepŭmowsĭ N'mĭhtakws oohŭkĕk, net ĕlāĭk tan mĭhĭt oochepŭmowsoo n'hŭkĕk.

58 Net woot hŭpan tan wĕje pŭnĕgwĕsĭtpŭn spŭmkek. Skat tĕtpeu kŭmĭtakwsooŏ ootŭle-mejetĭtpŭn mana pĕnĕgwĭkpŭn bakŭtakŭmeekw, ha tŭle-mĕjĭnhŭtoo'pŭnĭk. Nāgŭm tan mejĭt 'nhŭk askŭmowsooch'.

59 Sāsoos oonŭstŏŏh'mŭnŭl netŭl kĕkwsāāl hemeāwĭgwamŭk, toocheu' tan ĕtlekĕhkekāmĭt Cāpŭlneŭmk.

60 Netwāje ŭktanakwsooŭk tanĭk kese-

kĕhkemoojĭk oohŭkĕk, tan toocheu' noodŭmooteetĭt netŭl, kĕloosooa'gŭnŭl, etŭmootooŭk: Mŭdooāu kĕloosooagŭn net: Wĕnŭpa'l kesejĭksŭtŭk?

61 Kānookŭloo Sāsoos wĕjĭkchejĭhtowk oohŭkĕk tanĭk wĕjekese-kĕhkemoojĭk oohŭkĕk ootŭlemamsĕlāwĕstoote'nea ooche yoot kŭloosooagŭn, ootĭha: Net net wĕje-nabĭskwahmateĕkw?

62 Tanŭpŭloo nŭmehā'kw pŭmowsooĭn Ookwŏŏsŭl ootŭle-woonagĭhan tan tŭmk āyĭtpŭn?

63 'Mchŭchakw nŭt tan pĕmowsooĭh'ooĕt. M'hŭk skat wĭjookĕgĕmweu'. Netŭl kŭlooswagŭnŭl tanĭl yŏŏhoolāgwĭl, netŭl tŭkĕh' wāŏŏchŭchakwe'gĭl, ha tĕhna pŭmowsoowewŭl.

64 Kānookŭloo kelooow' ankwŏŏch' skatama koolamsŭtŭmoone'al. Eebŭchŭl Sāsoos ookoojeje'a amskooŏsĕtā wĕjātagāmŭk tan yoohoot' skat wĕlamsŭtŭmoo-te'lekwĭhĭ, ha tĕhna ëu' tanĭlch' ĕhkĭnoowĕhlĭhjĭl.

65 Ha ootĭha: Ha net tĕhna wĕjehoolĕkwpŭn: Skatŭch wĕn kese-egŭhāoo n'hŭkĕk skat oochelĕlmookseekw N'mĭhtakwsŭk.

66 Agĭmtĕ net wĕsooe'-abase-dĭtpŭn ŭktanakwsedĭtpŭn, tanĭk wĕje-kesŭkĕkemoojĭk oohŭkĕk, ha skadama agwamŭk tŭlŭme-wĭjaŏŏwawewŏl.

67 Netwāje Sāsoos yŭhat' nesankoosoo wĕswewĕskajĭhĭ: Keloow' nŭ kŭte-maje-abaseba?

68 Semoo Peāl ootasedāmal: N'sakŭmamŭn, wĕnŭchaloo oohŭkĕk ĕlabaseĕk? kel āyĭn kŭloosooa'gŭnŭl askŭmowsooa'gŭnāyăl.

69 Ha tĕhna neloon' noolăm̭sŭtŭmootenān' ha 'nkŭjejetoonĕnān' kel Nŭkskam wāwĕsenoomŭl.

70 Sāsoos ootasedāma: Skat nel kesĭmkŭnŭloobapŭs kelooow' nesankooseĕkw'? Ha kelooow' pĕskw mŭchŭhant'.

71 Noo ooskooeman Soodahŭl Iskaleotŭl, Semoo ookwŏŏsŭl, tanŭch' wŏŏt ĕhkenooĕhlat; wŏŏt nŭt pĕskw nesankoosejĭk wĕse'wĕskajĭhĭ.

Chapter VII.

1 Agĭmtĕ keskăjehĕ netŭl kĕkwsāăl, Sāsoos yalĭhĕ Goolelĕtk, eebŭchŭl skat ooledŭhadŭmooŭn ootaalĭhan Lĕsweesooakĭk, eebŭchŭl Lĕsweesŭk ookwāje-nāpahawŏl.

2 Net Lĕsweesŭk wekooŏmwā' oowĭkoopaltĭmkāwăŭmooŏh kŭte-egĕhĕ.

3 Netwāje Sāsoos wejegemajĭhĭ ooskeda'peŭk ootehawŏl: Oochemajŭhŭ yoot, Lĕsweesoakĭk ŭlĭh: wĕlaman tanĭk ĕgĕhkĭmchĭk oonŭmetoo'nea k'tŭloogāwa'gŭnŭl tanĭl kesātoonŭl.

4 Eebŭchŭl skat wĕn kegemeu' kĕkwsā' ke'sātoo tan toocheu kwelooŏta'kw oohŭk ëu mĕsooweu'. Ulookeŭn yoctŭl, ŭlemesoo'ĕlŭs ooskĭt'kŭmĭkw.

5 Eebŭchŭl chĕl māch wejegemajĭhĭ skat oolamsŭtŭmoote'weŭk oohŭkĕk.

6 Netwāje Sāsoos ootīha: Ntĕbŭnaskooe-hagāwāăm skat māch egĕhāoo. Kelooow' ŭktĕbŭnaskooe-hagāwā-ŭmooŏh mājemeu' kesajooweu'.

7 Ooskīt'kŭmīkw skat ŭkeseakwe-dŭhamkoonea kelooow': kānookŭloo nel n'takwedŭhamkoòn: eebŭchŭl n'tĕtlīnspeuwoolam-ădŭmŭnŭl ootlookāwa'gŭnŭl mŭcheegŭnool.

8 Kelooow' lītkwakwe-abasīk'w yoot wīkhŭpalteemŭk. Nel skat n'tŭlītkwa-kwŭhawŭn yoot wikhŭpaltemŭk, eebŭchŭl n'tĕbŭnaskooe-hagāwāăm mĕskw kesăjooweu'.

9 Net keseyahat netŭl kĕkwsal māch chŭnĕsoo Goolelĕtk.

10 Kānookŭloo kes wejegemamajīhī kese lītkwakwe-abaselīt, Sāsoos ŭna ootŭlītkwakwŭhŭn: kānookŭloo skat mĕsooweu', kānookŭloo-ka'l kegemeu'.

11 Netwāje Lĕsweesŭk kwelooŭhatīt Sāsoosŭl wīkhŭpaltemŭk, ha elŭmootooŭk: Tama ya ëu?

12 Ha nŭgŭmkīhkcon mamsĕlāwĕstooagŭn egŭhak ŭktanakwsooŭk pŭmowsooenooŭk mowehajīk oohŭkāwīhooŏk ooche nāgŭm. Ankooch etŭmootoo'ŭk: Nāgŭm wŏŏleuskedăp'āweu. Ankooch etŭmootoo'ŭk: Skadama, kānookŭloo wĕgīnpagŭtooâ pŭmowsooenoo.

13 Kānookŭloo skat wĕn oomesoo-weuskooe-moweyŭl, eebŭchŭ'l oonŭgalawâ Lĕswoes.

14 Net tamaha'l abase-wĭkhŭpal-temŭk Sāsoos lĭtkwakwĕhĕ k'che-hemeā-wĭgwamŭk ha kĕhkekāmoo.

15 Ha Lĕsweesŭk asŭgetŭhasooltooŭk etŭmootoo'ŭk : Tan wŏŏt ooskedap' ootŭlenŭn'ŭmŭn wĭkheegŭn ? tan mĕskw ĕgĕhkemamookoopŭn ?

16 Netwāje Sāsoos ootŭleasedāma : N'tŭkĕhkĭmsoot' skat net nel : kānookŭloo net Nāgŭm tan pĕdŭkemĭtpŭn.

17 Tan wĕn wŏŏledŭhadŭk ootŭlŏŏkkan Nŭkskam ooledŭhadŭm-ooaagŭn, nāgŭmch' ookŭjejetoo'nch kĕhkedooagŭn oochehĕ Nŭkskam-ooĭkŏŏk, kŭsŭna noochekŭloosĭn 'nhŭkĕk.

18 Tan wĕn wĕchekŭlcosĭt oohŭkĕk, nāgŭm ookechetŭmetŭham-koosooagŭn kwelooŏhtakw : kānookŭloo tan wŏŏt nāgŭm kwelooŏhtakw ookeche-tŭmetŭ-hamkousooagŭn tanĭl pĕdŭkĭmchĭl, nāgŭm oolŭmāwagŭneu', ha 'npagŭtasoot skadama eëu oohŭkĕk.

19 Skat ya Mooes kŭmĭlkooneaweepŭn ŭtploodŭmooagŭn ? ha mäch kelooow' skadama wĕn oosaktŭmooŭn ŭtploodŭmooagŭn. Kĕkwsā' wāje-kwāje-nābaheyĕkw ?

20 Mowehamŭk ootasedĕmawŏl, ootĭhawŏl : Mŭchŭha'nt ŭkte'uŏ : wĕn ĕgwĕjenāboohoosk ?

21 Sāsoos asedāmat ha ootĭha : Pĕskoon lookāwaagŭn n'kesātoonāāpŭn, ha m'seu tan kĕs'eyĕkw ŭktasŭge-tŭha-soolteeba.

22 Netwāje Mooes k'mĭlkooneapŭn weunŭsasĭmkāwā': skat eebŭchŭl oochehāoo Moolsk, kānookŭloo oochehĕ kŭmoosoomsŭnŏŏk, kelooow' atlasmooekeesŏŏkŭk kŭhweunŭsawŏh ooskedap.

23 Ooskedap weunŭsootŭp' atlasmooekeesŏŏkŭk wĕlaman Mooes ootŭploodŭmooagŭn skat skwŏŏskādaseu', kelooow' kookeiyĭtooweeba nel, eebŭchŭl nel nŭkakekŭhahpŭn ooskedap atlasmooëkesookŭk.

24 Moo sak oochĭtploodŭmoo'kĕkw tan kĕkw ĕlenagwŏk; kānookŭloo keakwĭt-ploodŭm-ootĭkw.

25 Toocheu' ankwooch Sāloosălĕmkāweŭk etŭmootoo'ŭk: Skat ea' wŏŏt nŭt ĕkwĕje-nāpahatejĭk?

26 Ha sagĭhook, chetŭme-kŭloosoo, ha mĕskw wĕn kĕkw yŭhakw. Ookŭjejehawŏl ŭtploodŭmooenooŭk nāgŭm chŏŏ Oonewĕskooĭn?

27 Kānookŭloo kŭjejehan nŭt ooskedap tan ĕtlāyowĭt: kānookŭloo tan toocheu Newĕskooĭt pŭkŭcheha't, skatŭch wĕn ookŭjejĭhoweŭlch' tan tĕt ĕtlāyowelĭt.

28 Netwāje Sāsoos ĕtlekĕhkegāmĭt, ŭksĭkowwāwĕstoo, eetŭm: Kelooow' kŭjejĭheeba, ha neaga ŭkŭjejɩtoo'nea tan tĕt ĕtlāyowĭ; ha skat noochepŭkŭchehow nel 'nhŭkĕk; kānookŭloo Nāgŭm tan pĕdŭkemĭtpŭn wĕlŭmāwagŭnĭt, tan kelooow' skat kŭjejĭhawe'wa.

29 Nel n'kŭjejĭha, eebŭchŭl nooche nel oohŭkĕk, ha Nāgŭm pĕdŭkemĭtpŭn.

30 Netwāje ootŭkwĕjĭpkegalawŏl; kānookŭloo skat wĕn oopoonĕhtoonŭl oopetenŭl oohŭkĕk, eebŭchŭl ootĕbŭnaskooehagāwāăm mĕskw māch eegĕhāoo.

31 Kānookŭloo ŭktanakwsooŭk mowehāwa'gŭnŭk wŏŏlamsŭtŭmootooŭk oohŭkĕk, ha eetŭmootoo'ŭk: Newĕskw tan toocheu' pŭkŭcheha't, ăjenŭgŭmkĭkwŭnoo'lch kenooŏskoodeegŭnŭl kesātagwĭlch, skatŭk yootŭl tanĭl wŏŏt ooskedap kesātakwpŭnĭl?

32 Pălooseŭk oonoodŭma'nea mowehāwa'gŭnŭk ootŭlemamsĕlāwĕstoote'nea ooche Sāsoosŭl, toocheu Pălooseŭk ha neaga k'chepatŭleasŭk ootŭlgemawŏh noojĭtkwŏŏnkatelejĭhĭ ootakwoona'nea.

33 Toocheu' Sāsoos yŭhat: M'chŭsŭl kĕgĕsk koowejāyoolpa, toocheu' n'tŭlĭhan tan pĕdŭkĭmĭtpŭn āët.

34 Kelooow' kwelooeheba'ch, ha skatŭch kŭmŭskooepah; ha tan āë skatŭch kesepĕdabasepa.

35 Netwāje Lĕsweesŭk yŭhoodooltooŭk: Tama tĕt kŭtelĭhĕ wŏŏt ooskedap? tan tĕt keloon skat ĕtlĭmskooawŭkwch? Ootŭlehanŭch-al' yŭhooht tanĭk etlesesāloojĭk kŭt'ŭkĭk kessookŭmĭkseetĭt woweŭkĭhyŭk, ha ootŭkĕhkema'ch kŭtŭkĭk kĕsookŭmĭkseelĭt?

36 Kĕkwsā' yoot kŭloosooagŭn yŭhoolŭkw? Kwelooeba'ch ha skatŭch kŭmŭskooeba? ha, Tan tĕt āe skatŭch kese pĕtabaseepa?

37 Net keesook m'chŭsŭlāwā' k'chekeesook wĭkwhŭpaltemŭk Sāsoos sĕhkĕ ha ŭksekawāwĕstoo, eetŭm : Wĕn kŭtoowŏŏs'sŭmĭt', ch'kooĭhach nel, ha kŭtŏŏhsŭmĭch!

38 Tan wĕn nŭt tan wĕlamsŭtŭk 'nhŭkĕk stŭkā' Nŭkskamwā' Wĭkheegŭn ꞊etŭmooĭk, sebooŭl pĕmowsooeegĭl samagv.aaŭ! oochenoodĕjwoonool'ch ootlamhŭkĕk.

39 Ha agŭnemajĭl Wāoochŭjakwelejĭl (net tŭna Wĕje-oole-newĕskwelejĭl) tanĭl nāgŭmow tanĭk wĕlamsŭtŭmootejĭk oohŭkĕk ookŭdĭmsŭnawŏl. Eebŭchŭl Wĕjeoole-newĕskwĭt māch mĕskw melooawŭn; eebŭchŭl Sāsoos māch mĕskw k'chetŭmetŭham-kwŭseu.

40 Netwāje ŭktanakwsooŭk tanĭk mowehajĭk noodŭmootĭt yoot kŭloosooagŭn, ankwooch etŭmootoo'ŭk: Choodĕhloo wŏŏt net nekanĭkchĭje-takāwĭn nŭt.

41 Kŭtŭkĭk eetŭmootoo'ŭk: Wŏŏt Newĕskw nŭt, [tan Mĭmkwānoot]. Kŭtŭkĭk eetŭmootooŭk : Newĕskw oochehĕ Goolelĕtk?

42 Skat ea' Nŭkskamwā' Wĭkheegŭn etŭmoowewoopŭn Newĕskw oochehā'ch Dabĭtk wĕdabĕksĭt? ha Bĕtlĕmk', Dabĭd ootoodānĕk, tan āĭtpŭn Dabĭd?

43 Ha chŭchābĕhlŭtooagŭn egĕhĕ pŭmowsooenoo ĭkŏŏk ooche nāgŭm.

44 Ha ankwŏŏch' nāgŭmow kŭtĭtkwoonawŏl; kānookŭloo skat wĕn oopoonĕhtoo'nŭl oopeteenŭl oohŭkĕk.

45 Netwāje noojĭtkwŏŏnkatejĭk abadaba-

sooŭk tan tĕt k'chepatŭleasŭk ha neaga Păloosĕŭk āoolteelĭt. Nāgŭmow' ootehawŏ: Kĕkwsā' wĕche skat pĕjĭphawĕkw?

46 Noojĭtkwŏŏnkatejĭk asedāmatĭt [etŭmootooŭk]: Mĕskw pŭmowsooĭn ootŭlāwĕstooŭn stŭkā' wŏŏt pŭmowsooĭn.

47 Păloosĕŭk ootasedāmawŏ, [ootehawŏ,] Kelooow' ŏŏnŭ kesĭnpagŭtakāba tŭhaloo [kŭtŭkĭk?]

48 Māchĕŭ wĕnĭk noojĭtploodŭmooenooŭk, kŭsŭna Păloosĕŭk kese woolamsŭtŭmŭn'ea oohŭkĕk?

49 Kānookŭloo nĭhkt pŭmowsooenooŭk tanĭk skat kĕjejedoo'gwĭk bootoosooagŭn, wŏŏnmăjĭtploomak.

50 Nĭkoodĕm ootĭha, nāgŭm tan pĕgŭchehat'pŭn Sāsoosŭl āelĭt nebaeu, 'pĕskooŭk nĭkt nŭt nāgŭm,

51 Ukbootoosooagŭnŭn oonmajĭtploomal ëa' wĕnĭl mĕskw noodooŏkw tan ĕlātagālĭt?

52 Asedāmatĭt ha ootĭhawa'bŭnĭl: Kel ea' ŭktŭtlāyow' Goolelĕtk? Kwelooŏht, ha sagĭht, eebŭchŭl skat nekanĭk-chĭje-takāwĭn oochehāwĭ Goolelĕtk.

53 Toocheu' m'seu wĕn ŭlmĭhe weegŭk.

Chapter VIII.

1 Sāsoos ŭlĭhĕ wŏŏchook tan lewesoo Olebcā.

2 Ha ĕhchĕhkwak, oospasweu' apch pŭkŭchehĕ k'chehemeāwĭgwamŭk: ha m'seu pŭm-

owsooenooŭk pĕdabaseneal; ha Sāsoos hŭpĕssoo, ha ootŭkĕhkema.

3 Ha noodooĭkhĭkhŭteejĭk ha neaga Pălooseŭk ootŭlĭphawŏl āpelejĭl tan āeelĭt, tanĭl lewĭhkwĕhla wŏbŭlŭlookāwa'kŭnŭk, toocheu' oosahkĕlanea ābahseu.

4 Ootehawŏl: Noodŭhkĕhkekāāmĭt, wŏŏt āpet kesewĭhkwĕhla wŏbŭlŭlookāwagŭn Ĭkŏŏk; lĭmskooŏh ootapchelookan.

5 Net Mooes tŭlĭtploomkoonoopŭn ŭtploodŭmooakŭn ĭkŏŏk nĭkt net ĕlāooltejĭk pŭnŏpskwahapŭnĭk'p: kānookŭloo kel kĕkw-teetŭm?

6 Wāje net etŭmootĭt ootookwĕtskoolawŏl, wetaman ooleĕnea'ch kĕkwsā' wĕjekesĭmsehatĭt. Kānookŭloo Sāsoos chetooŏmkwĕsoo, ha ootŭlooĭgŭnĭlch āwĭkhegŭhtakw k'takŭmeegook.

7 Ha ĕlĭnkooche-pabĕhchematĭt pĕhkahkwe-kapcoĕsoo, ootĭha: Nŭt kelooow tan skaṫ lakŭmĭksooagŭn āeekw, nŭt tŭmkāwā' pŭnŏpskw tŭkŭmach!

8 Toocheu' apch Sāsoos chetooŏmkwĕsoo, ha āwĭkhegŭhtakw k'takŭmeegook.

9 Ha nāgŭmow noodŭmootĭt ha wĕjeoonmăjĭt-ploo'moot oomŭshŏŏnoo-wawĭkooŏk, noote-aba'sooŭk, ĕankooche-noote-aba'sooŭk tan ĕlekŭṫŭnhŭteetĭt; ha Sāsoos ŭnkekanŭkŭla, ha neaga āpet sĕhkĕ ābaseu'.

10 Toocheu' Sāsoos pĕhkahkwekapooĕssĭt, skatama wĕnĭl oonŭmehoweŭl tĕpŏŏk't āpele-

jīl; toocheu' ootĭhal: Apet, tan ootŭlĕsoolte'nea wĕhkĕtkŭk mĕsĭmskŭbŭnĭk'? Skatama wĕn koonmăjĭtploomkŏŏ'?

11 Apet eetŭm: Skatama wĕn, Sakŭm. Sāsoos ootĭhal: Nelna skat koonmăjĭtpŭloomŭloo. Machŭhŭ, ha moo sak apch patahwĕhkaseekŭch.

12· Ha netwāje Sāsoos apch ookŭloo'lah pŭmowsoo'ĭnoo, eetŭm: Nel pŭsakwhĕkŭm ooskĭtkŭmĭkw. Nāgŭm tan noosŏŏkooĭt skat pŭmehāooch pĭskatĕk; kānookŭloo ooteĭnch pŭmowsooagŭnā' pŭsakwhĕk.

13 Netwāje Păloo'seŭk ootĭhawŏl: Kel knŭspeuwŏŏlamāoos: k'nŭspeuwŏŏlamāwagŭn skat ŭlāeu'.

14 Sāsoos asedāmat ha ootĭha: Cheegow nel n'speuwŏŏlamāoosea'n nŭspeuwŏŏlŭmāwagŭn ŭlĭhĕ. Eebŭchŭl n'kŭjejĭhtoon wĕjehayanpŭn, ha tan ā'lehaë. Kānookŭloo kelooow' skat ŭkŭjejĭhtoonea tan wĕjehayanpŭn, kŭsŭna tan ā'lehae.

15 Kelooow' wĕjĭtplootŭmooteĕkw 'mhŭkĕk; nel skat n'tŭpŭloᴐmow wĕn:

16 Ha tŭpŭlootŭmanŭp n'tŭplootŭmooagŭn oolamāweu'. Eebŭchŭl skat n'pĕskooweu', kānookŭloo nel n'te ha neaga N'mĭhtakws tan pĕdŭkemĭtpŭn n'wĭjāakw.

17 Ha ĕloowĭkhasoo ŭktŭpŭlootŭmooägŭnᴐoŏk: Neesooŭk pŭmowsooenooŭk oonŭspeuwŏŏlamāwagŭnoowŏl ŭlĭhĕ.

18 Nel nŭspeuwŏŏlămāoos', ha neaga

45
N'mĭhtakws tan pĕtŭkemĭtpŭn nŭspeŭwŏŏlamāwŭk'w.

19 Netwāje ootehawŏl: K'mĭta'kws tama ëu? Sāsoos asedāmat: Kelooow' skatama kŭjejeheepa nel kŭsŭna skat kŭjejehaweewâ N'mĭhtakws. Kŭjejeyĕkwsŭpŭn nel, kŭjejehawŏpŭnŭ N'mĭhtakws.

20 Ha Sāsoos ĕtle-eetŭkĭl neetŭl kĕkwsāăl manekwamŭk; ĕtlekĕhkeekĕmĭt k'chehemeāwĭgwamŭk; kānookŭloo skat wĕn ootakwoonoweŭl; eebŭchŭl ootĕbŭnaskooehagāwāăm māch mĕskw eegĕhāoo.

21 Netwāje Sāsoos apch ootĭha: Nel n'machŭhŭ, ha kweloooeheba'ch, kānookŭloo ŭklakŭmĭksoo-agŭnemĕhchĭn-hŭteba'ch; tan tĕt ĕlehäe skatŭch' kese-petaba'sëoone'a.

22 Netwāje Lĕsweesŭk eetŭmootoo'ŭk: Napŭhoosoo'ch? eebŭchŭl eetŭm, Tan tĕt ĕlehäe skatŭch' kese-petaba'seoone'a.

23 Sāsoos ootĭha: Kelooow' ŭktŭtlāowoolteba ĕmĕkāoo. Nel spŭmŭk n'tŭtlāow. Kelooow' ooskĭt'kŭmĭkw ŭktŭtlāowoolteeba. Nel skat ooskĭt'kŭmĭkw ntŭtlāyaweu.

24 Netwāje yŏŏhoo'lĕkw ŭklakŭmĭksooagŭne-mĕhchĭn-hŭteba'ch. Eebŭchŭl skat wŏŏlamsŭtŭmooā'kw nel nŭt, ŭklakŭmĭksooagŭnemĕhchĭnhŭteba'ch.

25 Netwāje ootĭhawŏl: Wĕn ëa' kel? Ha Sāsoos ootĭha: Net tan amskooŏs' machahak' yŏŏhoolĕkwpŭn.

26 Uktana'gŭtool kĕkwsāăl āëanĭl ĕlâgŭn-

ĭmlāgwĭl, ha ŭktŭbŭloo-mŭlŭn'ea; kānookŭloo Nāgŭm tan pĕtŭkemĭtpŭn wĕlamāwa'gŭnĭt, ha tanĭl wĕje-nootŭmanĭl oohŭhĕk, netŭl ĕtle-eetŭmanĭl ooskĭt'kŭmĭkw.

27 Nāgŭmow skat oonŭstŭmoonea ootăgŭnootŭmakoonea ooche Wĕgwŏŏselejĭl Nŭkskamŭl.

28 Netwāje Sāsoos ootĭha: Tan toocheu' kese oonagālāgooch pŭmowsooĭn Ookwŏŏsŭl kŭjejetoonea'ch nel nŭt, ha skat kĕkw noojekesātoo'ŭn nel n'hŭkĕk; kānookŭloo N'mĭhtakws ĕlkĕhkemĭtpŭn net ĕlāwĕstooanĭl yootŭl kĕkwsāăl.

29 Ha Nāgŭm tan pĕtŭkemĭtpŭn nesāowteepŭn. Nel N'mĭhtakws skat nŭkŭlŭkoo n'kŏŏtŏŏkaeu', eebŭchŭl mājemeu' n'tŭlookanŭl tanĭl ĕllooletŭhatŭkĭl.

30 Tan toocheu Sāsoos eetŭk yootŭl kĕkwsāăl ŭktanakwsooŭk wŏŏlâmsŭtŭmootooŭk oohŭkĕk.

31 Nĕtwāje Sāsoos ootĭha Lĕswees tanĭhĭ woolâmsŭtŭmootelejĭhĭ oohŭkĕk: Kelooow' n'kĕsoolteā'kw n'kŭlooswagŭn ĭkŏŏk, oolâmāwagŭn ĭkŏŏk kootŭkĕhkĭmkwŏŏs-soolteba'ch n'hŭkĕk.

32 Ha kŭjejetoonea'ch oolamāwagŭn, ha oolamāwagŭn ŭktŭlĕhlŭgoonea'ch ŭktŭpĕlmŭs-oolteeba.

33 Ootasedĕmawŏl: Neloon' Ablaha'mk oonejan', ha māch mĕskw nooje-wĕhkanwŏŏltepŭn tan wĕn: kekwsā' wĕje-eetŭmŭn, Uktŭpĕlınŭsoolteba'ch?

34 Sāsoos ootasedāma: Ulĭhĕ, ŭlĭhĕ, yŏŏhoolĕkw, m'seu' wĕn tan lakŭmĭksooagŭn ĕlookĕt, net lakŭmĭksooagŭne-nootlookĕt.

35 Ha nŏŏtlookĕt skat eëu wĕnoochĭgwamŭk mājemeu'; kānookŭloo tar wĕn ookwŏŏsŭl mājemeu' ëuŭl.

36 Netwāje Wĕmĭtakwsĭt ŭktŭpĕlmŭsooltenea'ch, koolămāwĭtpĕl-ŭmŭsool-teba'ch.

37 Kŭjejchoolpa koodabĕkseepa Ablaha'mk; kānookŭloo ŭktŭkwāje-nāāpehćepa, eebŭchŭl n'kŭlooswagŭn skat eëu ŭkhŭkāwŏk.

38 Nooskoo-oo'tŭmŭn tan kĕkwsā' wĕjenŭmĭhetooŏnpŭn N'mĭhtakwsŭk; ha neaga kelooow' nŭ k'tŭlātakhŭte'nea tan cle-noodŭmĕkwpŭn k'mĭhtakwsooŏh.

39 Asedĕmatĭt ha ootehawŏl: Neloon Ablaham n'mĭhtakwsŭn. Sāsoos ootĭha: Ablaham oomĭtakwsëĕk'w, Ablaham ootŭlookāwa'gŭnŭl k'tŭlookhŭteneapŭnĭlp.

40 Kānookŭloo tŭkā'ch k'tŭkwājenāāpeheepa, ooskedap tan yŏŏhoolakwpŭn oolămāwagŭn. Ablaham skatama tŭlookownāweepŭn net.

41 Kelooow' k'tŭlookhŭte'nea k'mĭhtakwsooŏ ootŭlookā ra'gŭnŭl. Nāgŭmow yŭhaatĭt, oetchawŏl: Skat n'sĕkāweuh-skejenoo-oolteepŭn. Peskooweu' n'mĭhtakwsŭn, Nŭkskam. nŭt.

42 Sāsoos ootĭha: Nŭkskam oomĭhtakwseĕkw kŭsĕlmepa'p. Eebŭchŭl nooje-haapŭn Nukskam-ooĭkŏŏk, ha n'pŭkŭchehaapŭn, ha

nel skat n'pĕdŭkĭmseu, kānookŭloo Nŭkskam pĕdŭkemĭtpŭn.

43 Kĕkw wāje skat n'sŭtŭmoo'ĕkw n'kŭlooswagŭn? eebŭchŭl skat k'noodŭmoonea tan n'teetŭm.

44 Kelooow' ŭktŭlāoolteeba k'mĭhtakwsooŏ'h mŭchŭha'nt-ŏŏk', ha neaga k'mĭhtakwsooŏk ootloogāwa'gŭnŭl koole-tŭhadŭmŭn'ea k'tŭlātakhŭte'nea. Wĕchātakamŭk amskooŏsŭtā' machŭha'k nāpatĕgāwenooewoos', ha skatŭna mājemeĕeu oolămā-wa'gŭnŭk, eebŭchŭl oolămāwagŭn skat eĕeu oohŭkĕk. Kĕlooskĭt oomŭshoonŭk oochekŭloosoo; eebŭchŭl wegekŭlooskoo ha nāgŭm oometakwsŭl kŭlooskooagŭn.

45 Ha eebŭchŭl noolămāwĕst', skat koolămsŭtŭweepa.

46 Wĕnŭloo' kelooow' keseoolămĭhĭt n'patatagan? wŏŏlămāwĕstooŏn', kĕkw wāje skat woolămsŭtoowewĕkw?

47 Nāgŭm tan ĕtŭlāowĭt Nŭkskam oohŭkĕk, oojĭksŭtŭmŭnŭl Nŭkskamŭl ookŭlooswa'gŭnŭl. Netwāje kelooow' skat wĕjejĭksŭtŭmoo-teewĕkw, eebŭchŭl skat ŭktŭtlāowoo' ,a Nŭkskam oohŭkĕk.

ง Lĕsweesŭk asedāmatĭt ha ootehawŏl: ькat ëa' noolëeetŭmoopŭn ŭksamāleakāoo, ha neaga ŭkte'uŏn mŭchŭha'nt ŭkhŭkĕk.

49 Sāsoos asedāmat: Mŭchŭha'nt skat n'tĕuaoo n'hŭkĕk; kānookŭloo n'kechetŭmetŭhama N'mĭhtakws, ha kelooow' kŭnsketŭhameepa nel.

50 Ha skat n'kwelooŏhtoo'ŭn nel n'kechetŭmctŭ-hamkoosooagŭn. Kānookŭloo wĕn ëu tan kwelooŏhtakw, ha tan tĕbloo'mooět.
51 Ulĭhĕ, ŭlĭhĕ, tan yŏŏhoolĕkw, tan wĕn kĕlnŭk n'kŭloosooagŭn, n'pooakŭn skatŭch oonŭmĭhtoo'ŭn mājemeu'.
52 Lĕsweesŭk ootehawŏl: Tŭkāch' n'kŭjejetoonā'n ŭkte'uŏn mŭchŭha'nt ŭkhŭkĕk. Ablaham mĕchenāăsŭb'ŭnŏk ha neaga nekanĭkchĭje-takāweenook', kānookŭloo kel ŭkteetŭm, Tan wĕn kĕlnŭk n'kŭlooswagŭn, skatŭch oomŭspŭtŭmooŭn n'pooakŭn mājemeu'.
53 Kel ëa' peāmekŭpmā' skatŭk k'mĭhtakwsŭnoo Ablaham? tanŏk mĕchenĕtsŭbŭnŏk? ha neaga nekanĭkchĭjetakāwenŏŏk' mĕchĭnhŭtĕtsŭb'ŭnĭk. Tan ëa' kel ŭktŭlālŭsĭn?
54 Sǎsoos asedāmat, eetŭm: K'chetŭmetŭhamsean', n'k'chetŭmetŭhamsoot' skatŭch kĕkwsāaweu. N'mĭhtakws tan kechetŭmetŭhamĭt, tan kelooow' eetŭmĕkw nāgŭm kŭnŭkskamooŏ.
55 Ha kelooow' skat kŭjejehaweewa; kānookŭloo nel n'kŭjejĭha. Etŭman' skat n'kŭjejehaoo n'tŭlekŭloo.'kape'hp stŭkā' kelooow'. Kānookŭloo n'kŭjejĭha, ha ookŭlooswagŭn n'kŭlnŭm'ooŏn.
56 Ablaham kŭmĭtakwsooaoo ooleduha'soobŭnŏk' oonŭmĭhtoon n'keeskoom; ha oonŭmĭhtoonāāpŭn, ha oole'dŭhasoopŭn.
57 Netwāje Lĕsweesŭk ootehawŏl: Kel māch mĕskw nanĭnsk kĕs'egŭtŭn'āoo, ha k'nŭmehasŭb'inŏk' Ablaham?

58 Sāsoos ootīha: Ulĭhĕ, ŭlĭhĕ, yŏŏhoolĕkw, mĕskw Ablaham āeekw nel n'te'.
59 Netwāje nāgŭmow wʺ! kwĕhtoo'neal pŭnŏpskool ootŭkŭma'nea. Kānookŭloo Sāsoos kalsoo, ha oochenootĕhĕ k'chehemeāwĭgwamŭk.

Chapter IX.

1 Ha pāmĭhat oonŭmĭhal ooskedăp'eŭl nĕhkapĕlejĭl tanĭl nĕkapelĭtsŭb'ŭnĭl nĕmekooselĭhtĕ.·

2 Ha tanĭk wĕtŭkĕhkemoojĭk oohŭkĕk oopabĕhchemawŏl Sāsoosŭl, eetŭmook: N'sakŭmamŭn, wĕn pahtahwĕhkasĭts? wŏŏt ooskedap, kŭsŭna oonekekoo, ootŭle-nŭme-koosĭn oonĕhkapĭn?

3 Sāsoos ·sedāmat: Oot ooskedap skat pahtahwĕhkasewĭs', kŭsŭna oonekekoo: kānookŭloo Nŭkskam ootŭlookāwa'gŭnŭl lemooskĕhtasoo oohŭkĕk.

4 N'tachooe-ŭlook' ootlookāwagŭnŭl tan pĕtŭkemĭtpŭn, tan kwĕnejĕhkwŏŏk. Ne'baeu' wĕchkooĭhhak tan toocheu skat wĕn keslookĕkw.

5 Tan kwĕne-heye ooskĭt'kŭmĭkw nel oopŭshakwhĕkŭm ooskĭtkŭmĭkw.

6 Kese cetŭk netŭl ŭsoomskwĕ kŭtakŭmeegook, ha ooche'toon kwŏkwloonskw oos-ʻtsookoo ĭkŏŏk, ha oosoonĕhtooŏn nĕkapelejĭl oosęeskook k·ʻŏkwloonskool.

7 Ha ootĭhal: Ulĭh', kŭsegwĕns' pĕgoodā-

bāāgĕk Seilo'mk, tan kwĕlpewĭktasĭk eetŭmooweu', Elkeemoot. Netwāje majŭhat ha ŭksŭsegwĕnsoo; toocheu abājehat, nŭmĭhta.

8 Netwāje mowegāmajĭhĭ, ha tanĭk nĕmĭhatpŭnĭk tŭmk ootŭtlepagooŭseelĭn, eetŭmook : Skat ëa' wŏŏt nŭt tan ābĭt ha pagooŭsĭt?

9 Ankwooch eetŭmook: Nŭt nāgŭm. Kŭtŭkĭk etŭmook : Ootŭlgwenâkwsĭn. Nāgŭm eetŭm : Nel nŭt.

10 Netwāje ootĭhawŏl : Tan-nŭle kese pantĕhtasoo ŭkseeskool? Nāgŭm asedāmat: Ooskedap lewĭha Sāsoos ookesehal kwŏkwloonskool, ha ŭnsoonāta-goonā'pŭnĭl n'seeskook, ha n'tehoogoon, ŭlĭ pĕgoodābāāgĕk Seilomk ha kŭsegwĕns'. Toocheu' n'tŭlehanāāpŭn, n'kŭsegwĕnseepŭn, ha nŭmĭhtaapŭn.

12 Nāgŭmow ootehawŏl: Tama ëu nāgŭm? Eetŭm : Skatama n'kŭje'jehaoo.

13 Oopĕjĭphawŏl Paloose āooltelĭt tanŭl nĕkapelĭtpŭnĭl.

14 Ha atlasemooe-kesook-wewoo'pŭn tan toocheu Sāsoos keseha't kwŏkwloonskool ha pantā'tooŏt' ooseskool.

15 Netwāje Pālooseŭk apch pabĕhchematĭt tan ootŭlĭmsŭnŭmŭlĭn ĕlenŭmĭhtalĭt. Ootĭba : Oopoonĕhla'pŭnĭl kwŏkwloonskool n'seeskook, ha n'kŭsegwĕnseepŭn, ha nŭmĭht'.

16 Netwāje ankwŭch Paloo'seŭk etŭmootooŭk : Wŏŏt ooskedap skat oochā'aweu Nŭkskam ĭkŏŏk, eebŭchŭl atlasemooekeesook skat

ookŭlnŭmooŭn. Ankwŭch etŭmootooŭk : Tanŭp ootŭlekesātooŭ net tĕlĭkŭl kenooŏskoodeegŭnŭl ooskedap pahtahwĕhkasooe'nooĭt ? Ha sesĕhlootooagŭn egĕhĕ oohŭkāwĭkhooŏk.

17 Ootehawŏl apch nĕkabĭlĭtpŭnĭl : Keloo kĕkw ŭktŭleema, eebŭchŭl pantĕhtagoonŭl ŭkseskool ? Eetŭm : Asŭgĭntatooĭn.

18 Kānookŭloo Lĕsweesŭk skat oolamsŭtŭmoonea oonĕkapelenĕs' ha oomŭsŭnŭmŭlĭn oonŭmetalĭn, agĭmte wekwemawŏ oonekekoo tan oomŭsŭnŭmŭlĭn oonŭmetalĭn.

19 Ha pabĕhchemawŏ eetŭmook : Wŏŏt kelooow' ŭkwŏŏsooŏ tan eetŭmĕkw n'kapoo's nĕmeekwoosĭt ? Netŭloo' tan ootŭle-kesenŭmĭhtan tŭkāch' ?

20 Oonekekoo ootasedĕmawŏ ha eetŭmook : Nkŭjejĭhtoonĕn' nookwŏŏsenĕn wŏŏt, ha ŭnkapoopŭn nĕmeekwoosĭt ;

21 Kānookŭloo tan ootŭle-kese-nŭmĭhtan tŭkā'ch skat n'kŭjejetoo'nāwĭn, kŭsŭna wĕn pantehtooŏt ooseskool skat n'kŭjejehawĭn. Nāgŭm kesegoo ; pabĕhchemook nāgŭm : nāgŭm kŭloosĭtŭmooāusooch'.

22 Yootŭl kŭlooswa'gŭnŭl etŭmooteejĭl oonekekoo, eebŭchŭl oonŭkalawŏ Lĕswees. Eebŭchŭl Lĕsweesŭk ookesloodŭmŭnea tan tĕpŏŏkt wĕn sapagŭnootŭk Sāsoos Oonewĕskooĭn, oochenootĕpha·p hemeāwĭgwamŭk.

23 Netwāje oonekekoo eetŭmook : Nāgŭm kesegoc , nāgŭm pabĕhchemŏŏk.

24 Netwāje net nesāwā wĭhkwematĭt ooske-

dapeŭl tanĭl nĕhkapĭlĭtpŭnĭl, ootehawŏl: Nŭkskam mela'n ŭkchetŭme-tŭham-koosooagun: n'kŭjejĭhtoona'n wŏŏt ooskedap lakŭmĭksooenooweu.

25 Netwāje asedāmat, eetŭm: Skat n'kŭjejehaoo ootŭlakŭmĭksooenooĭn. Pĕskoonŭloo kĕjejĭhtoo: nel nĕkapeepŭn; kānookŭloo tŭkāch' nŭmĭht.

26 Toocheu apch ootchawŏl: Tan k'tŭlĕhloogoonĕs? tan ŭktŭle-kesepantĕh-tagoonĕs' ŭkseeskool?

27 Asedāmat, ootĭha: Kes kese yŭhoolneapŭn, ha skat k'nootŭmooteebakoopŭn. Tanŭp apch k'tŭlejĭksĕtŭmŭn'ea? k'pawŏtŭmŭn'ea k'tŭkĕhkĭmkoo'nea?

28 Unootalmema'nea ha ectŭmook: Kel ŭktŭkĕhkeemŭkw; kānookŭloo Mooes n'tŭkĕhkĭmkoon neloon?

29 Nkŭjejĭhtoonān Nŭkskam ooskoocma'pŭrĭl Mooesŭl; kānookŭloo wŏŏt ooskedap skat n'kŭjejehawĭn tan tĕt ĕtlāowĭt, (wĕchāyawĭt).

30 Nŭt ooskedap asedāmat, eetŭm: Asŭgenagwŏŏt skat kelooow' ŭkŭjĭjetoo'nea tan wĕchāyawĭt, ha n'pantĕhtagoonŭl n'sceskool.

31 Kŭjeje'toonā'n Nŭkskam skat oojĭksŭtooawe lakŭmĭksooenoo; kānookŭloo tan wĕn wekooaje-wĭhwenooamat Nŭkskamŭl, ha ŭlĕhtagĕt ooledŭhadŭmooagŭn, nāgŭm Nŭkskam oojĭksŭtooŏl.

32 Tanāk' kesetasĭkpŭn ooskĭtkŭmĭkw

mäch mĕskw noodŭmawŭn wĕn pantĕdooŏn wĕn ooseeskool tanĭl net ĕlenŭmeekwŏŏseelĭt oonĕhkapeelĭn.

33 Skat nāgŭm oochehakoosŭbŭn Nŭkskamooĭkŏŏk, skatŭp kĕkwsā' keselĕhtagawŭp.

34 Nāgŭmow ootasedāmawŏl, ootĭhawŏl. Kel nĕkaoochenŭmekoose-yŭnpŭn lakŭmĭksooagŭn ĭkŏŏk, ha ŭktŭkĕhkemeepŭn neloon? Toocheu oonoodeâka'neăl.

35 Sāsoos noodŭmat oonoodeâka'nea'l, ha mĕskooŏt, ootĭhal: Koolamsŭt'ŭmŭn Nŭkskam Ookwŏŏsŭl oohŭkĕ ?

36 Ooskedap asedāmat, eetŭm : Wĕn ëa' nāgŭm, Sakŭm, noolamsŭtŭmŭn oohŭkĕk ?

37 Sasoos ootĭhal : Ḵ'nŭmehapŭn, ha nŭt nāgŭm wĕskooeemŭsk.

38 Ha eetŭm: N'sakŭmam, noolamsŭtŭmŭn : Ha wĭhwenooamal.

39 Ha Sāsoos eetŭm : Utploodŭmooagŭn wĕje-pŭkŭchehae ooskĭtkŭmĭkw, wĕlaman tanĭk skat nĕmĭhtatekwĭk oonŭmĭhta'nea ; ha tanĭk nĕmĭhtateejĭk oonŭka-peegwĕhtasoolte'nea.

40 Ha ankwŭch Palooseŭk tanĭk wejāooajĭk noodŭmŭn'eăl yootŭl kŭlooswa'gŭnŭl, ha ootĭhawŏl : Neloon nŭ nĕhkapoolteepŭn ?

41 Sāsoos ootĭha: N'kapooleā'kw, skatŭp lakŭmĭksooagŭn ŭktĕulteuneal. Kānookŭloo tŭkāch k'tetŭmooteepa nŭmĭhtateepŭn. Netwāje ŭktŭlkŭmĭk-sooagŭnooowŏl ŭngĕsĭk.

Chapter X.

1 Ulāu, ŭlāu, yoohoolĕkw, tan wĕn· skat wĕjĭksahakw kha'gŭnŭk ŭsepe-wowe-akaloosun-hasĭk, kānookŭloo wĕjĭtkwa'tooĕt tama sĕkeu', nŭt kŭmootŭnĕsks ha nooche-kŭmootŭnĕsks.

2 Kānookŭloo tan wĕjĭksŭhat kha'gŭnŭk, nŭt nāgŭm ŭseepe-noojean-kāootagāwĭn'.

3 Noojĭskagŭnāatŭch oopantĕhtooŏn khagŭn, ha ŭseepŭk oojĭksŭtooawŏl ĕlāwĭstoolĭt, ha ootŭseepŭm oonŭstooha, ha noodĕhnekanow-tekāwŏ.

4 Ha toocheu' kese nootĕphat ootŭseepŭm, oonekanowtekāwŏ, ha ŭseepŭk oonoosookooawŏl, eebŭchŭl oonŭstooawŏl.

5 Ha pelooāyŭl skat oonoosookoowowwewŏl, kānookŭloo owoonĕhĕ oosemootooawŏl: eebŭchŭl skat oonŭstooowwewol pelooāyăl.

6 Yoot kwelooāwĕstooagŭn Sāsoos yahat: kānookŭloo skat oonŭstŭmoonea nĕstoomahgoohtĭt.

7 Netwāje Sāsoos apch ootĭha: Ulāu, ŭlāu, yŏŏhoolĕkw, nel ŭseepŭk ookŭhagŭnoo'mooŏ.

8 M'seu tanik pĕdabasĭtsŭbŭnĭk' tŭmk mĕskw nel pĕgŭche'hawŏn, kŭmootŭnĕsksŭk, ha nooje-kŭmootŭnĕsksŭk; kānookŭloo ŭseepŭk skat jĭksŭtooa-wewŏbŭnĭhĭ.

9 Nel khagŭn. Wĕn oochĭksŭhat nel n'hŭkĕk, kekĕh'ch, ha ŭksĕhhĕhch' ha noodŭhĕhch, ha oomŭskŭmŭnch' mecheemŭk.

10 Kŭmootŭnĕsks wĕje-pŭkŭchehat tĕpŏŏkt ookŭmoo'tŭnan, ha oonā'pateegan, ha wĕgŭlookan. Nel wĕje-pŭkŭchehae ooteë'nea pŭmowsooagŭn, ha mach oomŭsĭhtoonea agwŏmk.

11 Nel net kĕloowŏŏse-ŭseepe-ankāootakāwĭn. Kĕloowŏŏsĭt ooseepeankāootagāwĭn ootŭlepoonmŭn oopŭmowsooagŭn ooche ŭseep.

12 Kānookŭloo tan mĕtŭmeemoot, ha skat oosepe-ankāoo-takāwenoowu', ha tan wŏŏt skat tĕbĕlmakw ŭseep, nŭt nĕmĭhat malsŭmool wĕchkooehalĭt, ha oonŭkŭla ŭseep, ha oosemooka, ha malsŭm oomŭsŭna ha ooseesĕhtĕkoooh ŭseep.

13 Tan mĕtŭmeemoot oosemooka eebŭchŭl tĕpŏŏkt mŭtŭmeema, ha skat ootŭmetŭhamawe ŭseep.

14 Nel n'kŭloowŏŏs ŭsepeankāootakāwĭn, ha nŭnoowŏk n'tŭseepŭmŭk, ha noojĭkchĭjegoos ntŭseepŭm ĭkŏŏk.

15 Elĭkchejĭhĭt N'mĭhtakws, net ĕlĭkchejĭhook N'mĭhtakws, ha n'pŭmowsooagŭn n'tŭlepoonmŭn ooche ŭseepŭk.

16 Ha kŭtŭkĭk ŭseepŭk n'teeuŏk, tanĭk skat tūlāāyak yoot woweakŭloosŭnŭhasik. Nāgŭmow neaga n'tachooe-pĕjĭphak, ha noodagook'ch ĕltakwsĭ, ha n'kwŭche-mŭnĭheyŭk'ch, ha apeskooewŭch' ŭsepe-ankāoo-takāwĭn.

17 Netwāje N'mĭhtakws moosaalĭt, eebŭchŭl n'pŭmowsooagŭn 'n'tŭlepoo'nmŭn wĕlaman apchŭp n'kwewātoonp.

57

18 Skat wĕn n'kwāhtagooŭn, kānookŭloo nelŭtā n'tŭlkĭmsĭn n'tŭlepoo'nŭmŭn. Utpĕltŭmooagŭn n'teĭn n'tŭlepoonmŭn, ha ŭtpeltŭmooagŭn 'nteĭn n'wekwāhtoon apch. Yoot ŭtploodŭmooagŭn noojĭmsŭnŭmŭn N'mĭhtakwsŭk.

19 Net apch chŭchāpĕhlŭtooagŭn egĕhĕ Lĕsweesŭk oohŭkāāwŏk ooche yootŭl kŭlooswa'gŭnŭl.

20 Uktanakwsooŭk nĭkt eetŭmootoo'ŭk: Mŭchŭhantooŭl ootĕ'uwŏl, ha wŏŏnătŭmenā: kĕkw wāje jĭksĕtooĕk'w?

21 Kŭtŭkĭk eetŭmootooŭk: Skat yootŭl kŭlooswa'gŭnŭl tan mŭchuhantooŏl ā'ooŭt. Mŭchŭhantŭp' kesepantĕhtooanŭl oosceskool nĕhkabeleejĭl?

22 Ha wĭkŭpaltemŭk oolajĭmkāwā' Sāloosălĕm'k, ha pooneu'.

23 Ha Sāsoos pŭmowse k'chehemeāwĭgwamŭk Sŏlŭmŭn ootahtoosanŭk.

24 Netwāje Lĕsweesŭk weunĭkwawŏl, ootehawŏl: Tan kŭte-kwŏŏne-āsookātŭhasĭkenĕn? Newĕskoo'cŭn pabĕhkegĕhenĕ.

25 Sāsoos ootasedāma: Kes keseyŭhoolneapŭn, kānookŭloo skat koolamsŭtŭmootepa. Lookāwa'gŭnŭl tanĭl ĕlatakeanĭl N'mĭhtakws weso'o'ŭnŭk, netŭl nĕspuwŏŏlămāweegĭl.

26 Kānookŭloo skat kelooow' koolămsŭtŭmooteepa eebŭchŭl skat kelooow' nootŭseepŭmeunŭk, stŭkā' tan yŏŏhoolĕkwpŭn.

27 N'tŭseepŭmŭk oojĭksŭtŭmŭn'eal n'kŭlooswa'gŭnŭl, ha nŭnagook, ha noosoakagook.

28 Ha n'meclan askŭmowsooagŭn, ha skatŭch wŏŏnmăje-mĕchĭnhŭte'weŭk ; ha skatŭch wĕn n'tăpkwĭlchĕhlŭgooŭn.

29 N'mĭhtakws tan melĭtpŭnĭhĭ pĕĕmenŭgŭmkĭl skatŭk m'seu ; ha skat wĕn keseăpkwĭlchĕhlŭgoo'ĕŭl N'mĭhtakwsŭl.

30 Nel ha n'mĭhtakws N'pĕskooeepŭn.

31 Netwāje Lĕsweesŭk apch wekwĕhtooneăl pŭnŏpskool oopŭnŏpskooha'nea.

32 Sāsoos ootasedāma, eetŭm : Kese-mĕsooātoolnea'pŭnĭl ŭktana'gootool lookāwa'gŭnŭl kĕlooŏkĭl N'mĭhtakwsŭk. Tan yoot neetŭl lookāwa'gŭnŭl wĕje-kŭte-pŭnŏpskwa'heyĕkw ?

33 Lĕsweesŭk ootasedāmawŏl, eetŭmootooŭk : Skat koojepŭnŏpskoohoolŏŏhpŭn kĕlooŏk lookāwagŭn; kānookŭloo eebŭchŭl ŭktalmeema Nŭkskam, ha eebŭchŭl kel ĕleskedăpā'weŭn Nŭkskamwĕhlŭs.

34 Sāsoos ootasedāma eetŭm: Skat ëa ŭloowĭkhaseu ŭktŭplootŭmooagŭn - ĭkooŏk : N'teetŭmoopŭn kelooow' Nŭkskamoolteepa.

35 Lewehatsŭpŭn nāgŭmow Nŭkskamŭk tanĭk oohŭkāwĭk'ooŏk Nŭkskam ookŭlooswagŭn egĕhāhpŭn, ha Nŭkskamāwā' Wĭkheegŭn skat keseskwŏŏskātaseu,

36 Uktŭlemawŏ nāgŭm tan Wĕgwŏŏsĭt Nŭkskam Nŭkskamwĕhlat ha ĕlkeemat ooskĭt'kŭmĭkw, Kel ŭktalmema Nŭkskam, eebŭchŭl n'teetŭmoo'pŭn, Nel Nŭkskam Ookwŏŏsŭl ?

37 Skat ŭlookāwŏn N'mĭhtakws ootlookāwa'gŭnŭl, moo sak wŏŏlămsŭtoowe'wĕkw.

38 Kānookŭloo ŭlookean', chegaŏŏ skat wŏŏlămsŭtoowewĕkw', lookāwa'gŭnŭl wŏŏlămsŭtŭmook'. Wĕlaman kŭje'jetooneap N'mĭhtakws ëu n'hŭkĕk, ha nel n'tĭh N'mĭhtakws oohŭkĕk.

39 Netwŭje ăpch ootŭkwāje-ŭtkoonawŏl; kānookŭloo oochemachĕheŭl oopetenooowĭk'oͻŏk.

40 Ha ăpch ŭlĭhe kameu' seepook Sooldĕnk', tan tŭmk Sabadĭs ĕtlepapteisooĕhlooĕtpŭn, ha net āĭt.

41 Ha ŭktanakwsooŭk pedabase'neal, ha eetŭmootooŭk: Sabadĭs chŏŏdĕhloo skatama kesātoonāweepŭn kenooŏskoodeegŭn; kānookŭloo m'seu kĕkwsăl tanĭl Sabadĭs ĕlagŭnemătpŭn yootŭl ooskedăpeŭl, ŭlā'uŭl. Ha ŭktanakwsooŭk wĕlamsŭtŭkĭk oohŭkĕk net.

Chapter XI.

1 Naga ooskedape ŭksenookapŭnŏk, Lasa'l lewesoopŭnŏk, Bĕtanĭk tŭlāowewoopŭnŏk, Male ha wĭjegetetejĭl āpelejĭl Malt ootoodănĕseesooŏk.

2 Nŭt Male tan soonpĕgŭnatpŭn Uksakŭmamenooŭl soonpĕgŭnŭsoot', ha ookasŭmooanĕpŭnĭl ooseetŭl oopeāͻoom ĭkŏŏk, tan wĭjegetetedŭŭ Lasal kĕsenookatpŭn.

3 Netwāje wĭjegemajehe āpe'lejehe, oopĕdapoohaneapŭn kŭloosooagŭn Sāsoosŭl, eetŭmoopŭnĭk: Sakŭm, sagĭh't, tan moosalŭt ŭksenooka.

4 Net Sāsoos nootŭk, eetŭm: Yoot ŭksenookāwagŭn skat ooche ëu n'pooakun ĭkŏŏk; kānookŭloo wĕje ǚk Nŭkskam ookechetŭmetŭhamkoosooagŭn ĭkŏŏk, wĕlaman Nŭkskam ookwŏŏsŭl ookeche-tŭme-tŭhamkoosĭn.

5 Net Sāsoos ookŭsĕlmal Malĕ ıŭl ha wĭjegetetejĭl āpelejĭl, ha Lasalŭl.

6 Netwāje tan toocheu kese noo'tŭmat ookŭsenookalĭn māch ŭnkĕhsoo nesoogŭneu' tan tĕt āĭt.

7 Toocheu agĭmtĕ ootĭha nootŭkĕhkemoojĭk: Labasenĕch apch Lĕsweesooŏkĭk.

8 Nootŭkĕhkemoojĭk ootĭhawŏl: N'sakŭmamŭn, kĕchhe'kaweu' Lĕsweesŭk kŭtepŭnŏpskoohookoo'pŭnĭk, ha k'tŭlehan apch net?

9 Sāsoos ootasedāma: Skat ea' nesankoo tŭpaskoodeegŭnŭl n'kāgeu'? Pŭmoosĕt' wĕn spŭtā'oo skatŭch napĭskwamaoo, eebŭchŭl nŭmĭhtoon ooskĭtkŭmĭk oopŭsakwhāgŭm.

10 Kānookŭloo pŭmoosĕt wĕn nebaeu napĭskwamach', eebŭchŭl skat pŭsakwhĕk ëeu' oohŭkĕk.

11 Yootŭl kĕkwsăl eetŭkĭl, toocheu' agĭmtĕ ootĭha: Lasal ŭksewĕn koowak. Kānookŭloo n'tŭlĭhan wĕlaman n'tookĕhla.

12 Netwāje nootŭkĕhkemoojĭk ootĭhawŏl: N'sakŭmamŭn, kooweet, woolāooch.

13 Kānookŭloo Sāsoos wĕskoowootŭmooŏt oonŭpooagŭn; kānookŭloo nāgŭmow ledŭbasooltooŭk ooskoowootŭmŭn atlasĭmwā' kāweemŭk.

14 Netwāje toocheu Sāsoos opabĕhkcyaha: Lasal mĕhche'neak'.

15 Ha noole'dŭhas ooche kelooow' skat n'teë'wŭn net; wĕlaman koolamsŭtŭmŭnea. Kānookŭloo la, base, nech ālt.

16 Netwāje Tooma, tan eaga lewesoo Tŭk wĕhs, ootĭha tanĭhĭ mowkĕhkemajĭhĭ; Keloon na labascnĕch, wĕlaman kooweje-mĕhchĭnhŭteebŭn.

17 Netwāje Sāsoos pĕgŭchchat net, oomŭskŭmŭn kesepooskŭnasooŭl kes nāoogŭnŭkŭt.

18 Net Bĕtăne kwĭheu' Sāloosălĕmk, wĕjātagāmŭk tamahal toodŭn nanankoo stādĕei, [netal tamahal neesoohsalkŏŏt.]

19 Ha ŭktanakwsooŭk Lĕsweesŭk pĕdabasejĭk Malt ha Male āeetĭt, ooltĕkooŏn'ea ooche wĭjekematetŭhŭ.

20 Netwāje Malt ātoochenoo'dŭmat Sāsoosul oochkooehalĭn ootŭlĭhan oonăjeasĭkooŏl. Kānookŭloo Male māch hŭppoo wĕnoochĭgwamŭk.

21 Toocheu Malt ootĭhal Sāsoosŭl: N'sakŭmam, ëŭnsŭbŭn yoot tĕt, wejegeteĕk' skatŭp mĕchenāweak'.

22 Kānoo n'kŭjejĭhtoon tŭkāch tan ĕlewĭh-koodŭm-ooŭt Nŭkskam, kŭmĭlkoonch' Nŭkskam.

23 Sāsoos ootĭhal: Wejege'teĕkw nŭmchĕsoo'ch.

24 Malt ootĭhal: N'kŭjejĭhtoon nŭmchĕs-

ooch tan toocheu menooowsooltĭmk m'chŭsŭlāwā' keesook.

25 Sāsoos ootĭhal: Nel net abĭjebāwa'gŭnĭ, ha pĕmowsoowa'gŭnĭ. Tan wĕlamsŭtŭk n'hŭkĕk chegow mĕchenĕt pŭmowsooch'.

26 Ha tan pĕmowsĭt ha wĕlamsŭtŭk n'hŭkĕk, skatŭch mĕhchenāoo askŭmeu. Koolamsŭtŭmŭn yoot ?

27 Ootĭhal: Aha, 'nsa'kŭmam, noolamsŭt'ŭmŭn kel Newĕskooĭn, Nŭkskam Ookwŏŏsŭl, tan pĕkŭche'hat ooskĭtkŭmĭkw.

28 Ha kese eetŭk net n'noomachŭhan, ha wĭhkwemal wejegetetejĭl Malewŏŏl kegemeu', ootĭhal: Nootŭkĕhkekāmĭt pŭkŭchehĕ, ha kooĭhkweemŭkw.

29 Ha Male ātoochenootŭk nŭkŭsaoonagĕsoo ha oopŭkŭchehanŭl.

30 Net Sāsoos mach mĕskw pŭkŭchehāwe oodānĕseesŭk ; kānookŭloo mach ëu tan tĕt Malt ĕtle-asegooŏtpŭn.

31 Netwāje Lĕsweesŭk tanĭk wejāooŏtpŭnĭk lămĭgwŏm, tanĭk ĕtle-wŏŏlĭkooŏtpŭnĭk, nĕmehatĭt Malewŏŏl oonŭkŭsaoonagĕselĭn ha oonoodŭhalĭn, oonoosookooawŏl, yŭhoodooltooŭk : Pooskŭnegŭnalŭkŏŏk ŭlehĕ năje-oosegĕltŭm net.

32 Netwāje Male pĕkŭchehat Sāsoosŭl āeelĭt, m'sakŭnahtĕssĭn ooseetŭk, ootĭhal: N'sa'kŭmam, ëŭnsŭbŭn yoot tĕt, wejegeteĕk skatŭp mĕhchenāwea'k.

33 Sāsoos netwāje nĕmĭhat oosasŭtĕmeelĭn

ha oonŭmĭha Lĕsweées tanĭhĭ wejāoowajĭk, sasŭtĕmooltŏŏh', mākwĕ, oochŭchakwemākwĕ, ha oosegetŭhasoo,

34 Ha eetŭm: Tama k'poonawŏh? Ootehawŏl: N'sakŭmamŭn, ch'kooe, ha sagĭht!
35 Sāsoos sasŭtāmoo.
36 Netwāje Lĕsweesŭk etŭmootooŭk: Sagĭhtook! ātoochemŏŏsalats!
37 Ha ankwŏŏch etŭmootoo'ŭk: Wŏŏt ooskedap tan pantĕhtooŏtpŭn nĕkabelĕjĭl ooseeskool, skatŭpa'l keselĕhlow'eŭl wŏŏt ooskedăpeŭl skat oomĕhchenaleewŭn?
38 Netwāje Sāsoos apch mākwĕ lameu pĕkŭchehat pooskŭnegŭnalŭkŏŏk. Ulmalkŭtŏŏs' pŭnŏpskŏŏk nŭ, ha pŭnŏpskw wĕ·¹ ĭtĕk.
39 Sāsoos eetŭm: Sĕmahtŏŏk pŭmĭ skw. Malt, n'pool'n wɔjegetetejĭl, ootĭhal: N'sakŭmam, tŭkā'ch kes pelooemĕhĕ, eebŭchŭl kes oomĕhchenan nāoo-wookŭnŭkŭt.
40 Sāsoos ootĭhal: Skat ea kŭtehoolookpŭs, wŏŏlamsŭtŭmŭn', kŭnŭmĭhtoo'nch Nŭkskam ookeche-tŭme-tŭhadŭmooagun?
41 Toocheu' oochesāmahtoo'nea pŭnŏpskw [tan tĕt n'pooenooŭl ĕlŭsĭnlĭt]. Ha Sāsoos spŭmŭk lĭkchĕsooŭl ooseeskool, labĕsoo, ha eetŭm: N'metakwe', wĭhwenooamŭl eebŭchŭl ŭkjĭksŭtooeepŭn!
42 Ha n'kŭjejĭhtoonāpŭn kel mājemeu' k'jĭksŭtooe; eebŭchŭl ooche yoot mowehamŭk tanĭk weunekabooehajĭk, n'teetŭm: wĕlaman nāgŭmow oolamsŭtŭmŭn'ea kel ŭktŭlkeemĭn.

43 Ha kese edŭk yoot, kĭntakwsoo, eetŭm: Lasa'l! chkooe-nootaha!

44 Ha tan mĕchenĕtpŭn wĕchkooe-nootahat, tŭbakwĕknasooŭl oopeteenŭl ha ooseetŭl n'pooenooāyal hŭlgootāwa'gŭnŭl. Sāsoos ootĭha: Apkwĕhlŏŏk, ha kesĕltŭmoowŏŏk' oomachŭhan.

45 Netwāje ŭktanakwsooŭk Lĕsweesŭk tanĭk pĕdabasenëa'bŭnĭl Malewŏŏl, ha oonŭmetoonea ĕlookālĭt, oolamsŭtŭmootooŭk oohŭkĕk.

46 Kānookŭloo ankwŏŏch labasooŭk Paloose-eekŏŏk ha ootagŭnoodŭmooawa Sāsoosŭl ĕlookālĭt.

47 Netwāje k'chepatŭleasŭk ha Palooseŭk oomawĕhlawa bootooŭsooenoc' ha etŭmootoo'ŭk: Tanŭch tŭlātakhŭtenān? eebŭchŭl wŏŏt ooskedap ookesātoonŭl ŭktana'gŏŏtool kenooŏskoodeegŭnŭl.

48 Chegetooŭkw ootŭlāĭn yŏŏt, Lomkā'weŭk pĕdabasooŭkch ha kooekwātagoonānŭch kŭmŭtkĭn' ha neaga kooëkwĕhlŭkoonwŏŏk'ch nĕkwtakŭmĭkseŭkw.

49 Nŭt pĕskw nā'gŭmow lewesoo Keiep, tan ĕlĭkche-patŭleaswĭt net pĕme'kŭtŭk, ootĭha: Skatama kĕkw kŭjeje'toote'pa.

50 Ha skat ŭktŭlĭtpedŭhadŭmoo'nea kooche-kaneāwooltenĕn' pĕskw ooskedăp oochemĕchenan ooche-pŭmowsooenooŭk, wĕlaman m'seu' nĕkwtŏŏkŭmĭksejĭk skat ooche-skwŏŏskĕseuneca.

51 Kānookŭloo skat ooche eetŭmoo'ŭnŭl yootŭl kĕlooswa'gŭnŭl nāgŭm oohŭkĕk ; kānookŭloo ĕlĭkche-patŭleaswĭt netpĕmeekŭtŭk, nĭkaneuhŭla'jŭmoo Neewĕskw oochemĕchenĕch' nĭhĭht n'kŏŏtookŭmĭksoo.

52 Ha skat tĕpŏŏkt nĭhĭh't n'kŏŏtookŭmĭksoo, kānookŭloo neaga mowĕhlan oopĕskoooelĭn Nŭkskam ooneja'n tanĭk sesĕhtĕkoojĭk.

53 Netwājo wĕchā'tagā'mŭk net kesŏŏk mowagŭnoodŭmak oonā'paha'nea.

54 Netwāje Sāsoos skat agwa'mk ŭlemĕsoowepŭmehāu Lĕsweseoĭkŏŏk, kānookŭloo machĕhĕ, ha ŭlĭhe kŭta'kŭmĭkw, oodānĕk tan lewesooweu' Eplŭm, ha net ĕtlemow-āyĭt tanĭhĭ ĕgĕhkemajĭhĭ.

55 Net Lĕsweesŭk nankŭmehagāwā' wĭkwhŭpaltĭmkāwāamooŏh kŭtëegĕhe, ha ŭktanakwsooŭk pŭleu-ootabasooŭk, ha ĕlĭtkwakweabasooŭk Sāloosălĕmk, oopĕhkehoosoolte'nea, mĕskw wĭkhŭpalteemŏŏk.

56 Nookwelooŭha'nea Sāsoosŭl, ha yŭhoodooltooŭk sĕklŭteetĭt k'chehemeāwĭgwamŭk : Kĕkw ledŭhasoolteeba ? skatŭcha'l pŭkŭchehāoo wĭkhŭpalteemŭk ?

57 Net k'chepatŭleasŭk ha neaga Palooseŭk ĕlekeslootŭmootĭt wĕn ŭkche'jeha't tan āeelĭt ootăgŭnemal'p, wĕlamau ootakwoouawŏlp.

Chapter XII.

1 Toocheu, Sāsoos kamachĭn kesoogŭnŭk mĕskw nankŭmehagāwā' wĭkhŭpalteemŏŏk, Bĕtanĭk pŭkŭchehĕ tan Lasa'l āĭt, tan wŏŏt kese mĕchenĕtpŭn, tanĭl Sāsoos kesepŭmowsooĕhlatpŭnĭl.

2 Net tĕt ĕtlewĭkwhŭpalatĭt, ha Malt oonootŭmawŏ; kānookŭloo Lasa'l nĭkt pĕskw nāgŭmow tanĭk mowĭhpoomajĭk.

3 Toocheu' Male wĭhkwĕhtoon n'koochĭtkeegŏŏn soonhŭkĕnsoo't lewĭhtasoo speiknald, pooktŭkchĕ, ŭksa'oodoo, ha oosoonpĕgŭnŭmooanŭl Sāsoosŭl ooseetŭl, ha oochekasŭmooanŭl ooseetŭl oopeāsoom ĭkŏŏk; ha wĕnoochegwŏm p'sŭnŏkwhĕsoo soonhŭkĕnsoot'.

4 Toocheu' nŭt pĕskw tanĭk wĕjekĕhkemoojĭk oohŭkĕk, Sooda Iscaleot lewesoo, Semoo ookwŏŏsŭl, tan kĕtekenooĕhlat Sāsoosŭl, eetŭm:

5 Kĕkw wāje skat ankooĕhtase'nookŭs' yoot soonhŭkĕnsoot ooche n'satkwādool denāleŭl, (tamaha'l nāooĭnsk' kesageesooŭk), ha ŭnŭpmelan tŭmaksŭsooenooŭk.

6 Skat yoot ooche-etŭmooŭn ootŭmetŭhaman tŭmaksŭsooenoo, kānookŭloo ooche nāgŭm kŭmootŭnĕsks, ha ooteĭn manenoot', ha pŭmĭptoon tan kĕkw pejātasĭk.

7 Toocheu' Sāsoos eetŭm: Ehkwĭhan āpet: ooche-eenĕs' ookesajĭhtŭmŭn keesook pooskŭnĭmk.

8 Eebŭchŭl tŭmaksŭsooenooŭk k'mĕcheme-uwawŏk ha mowāye'neak'; kānookŭloo nel skat k'mĕcheme-ëuëpah'.

9 Netwāje ŭktanakwsooŭk Lĕsweesŭk kĕjejehatĭt Sāsoosŭl ooteëlĭn net, ha pedabasooŭk skat tĕpŏŏkt ooche nāgŭm, kānoo neaga ooche nŭmĭha'nea Lasalŭl tanĭl Sāsoos kese pĕmowsooĕhlatpŭnĭl.

10 Kānookŭloo k'chepatŭleasŭk mowăgŭnootŭmatooŭk neaga oonāpŭha'nea Lasalŭl.

11 Eeebŭchŭl ooche nāgŭm ŭktanakwsoo'bŭnĭk Lĕsweesŭk majeaba'sĭtpŭnĭk, ha wĕlamsŭtŭmootoo'bŭnĭk Sāsoosŭl oohŭkĕk.

12 Net apch ātau kesook ŭktanakwsooŭk pŭmowsooenooŭk tanĭk pĕdabasejĭk wĭkhŭpalteemŭk, noodŭmatĭt Sāsoosŭl oochkooëhalĭn Sāloosālĕmk',

13 Wĭhkwĕhtoo'neal p'skĕtkoonool ŭpŭs' lewesoo Penĭks, ha ootŭlabase'nea ootasĭkoonea, ha ootookāmooltooŭk, etŭmootoo'ŭk; Hosana! (netŭna, Lekĕk'w tŭkā'ch!) oolĕhlŭkwsooŭl Islĕl ookĭnchāmŭsmŭl, tanĭl wĕchkooehalejĭl K'chesakŭm wesooŭn ĭkŏŏk.

14 Ha Sāsoos mĕskooŏt āwasesooëlejĭl jăkhasŭl, ootĕsagoopĕseenŭl, stŭkā ĕloowĭkhasĭk,

15 Moo sak sĕksekŭch Seŭn ootoosŭl! sagĭhtĕ ŭkĭnchāmŭsŭm wechooĭhat ootĕsakoope'toowŏl jăkhas oojăkhascesŭmŭl.

16 Netŭl kĕkwsāăl wĕdekĕhkemoojĭk skat oonŭstŭmoo-teleunāweepŭn tŭmk. Kānookŭloo kesĭkchetŭmetŭhamkoosĭt Sāsoos oo-

mĭkwetŭhadŭmŭn'eal netŭl kĕkwsăl āwĭkhaseegĭl; ha neaga Sāsoosŭl ookeselĕhtaganĕb'ŭnĭl netŭl kĕkwsāăl.

17 Netwāje nāgŭmow tanĭk wĭjāooatĭtpŭnĭk [Sāsoosŭl] tan toocheu wĕje-nootĕg'emat Lasalŭl pooskŭnegŭna'lŭkŏŏk, ha pĕmowsooĕhlat', n'speuwŏŏlămhŭt'ooŭk.

18 Ha netwāje mowehamŭk ootasekooawŏl, eebŭchŭl ookese-noodŭma'nea nāgŭm ookeselĕhtagan yoot kenooŏskoodeegŭn.

19 Netwāje Pălooseŭk yŭhoodooltooŭk: Skat k'nŭmĭhtoonea skatŭkĕkw k'tŭlekesātoopa? Sagĭhtŏŏk, ooskĭtkŭmĭkw oonŭkanoosookagoon.

20 Net ankwŏŏch Gŭlekāweŭk mawe-eooltooŭk nā'gŭmow tanĭk kesĭch-kooĭkwakweabasejĭk ootemehanea [Săloosalĕmk'] wĭkhŭpaltemŭk.

21 Nāgŭmow pĕdabasooŭk Pelĭpk, tan tŭlā' Bĕtsādĭk, Goolelĕtk, ha oopabĕhche-gĕse'neal, etŭmootooŭk: Sakŭm, n'pawatŭmŭnĕn nŭmĭhanĕn' Sāsoos.

22 Pelĭp pĕgŭchehat ha ootagŭnoodŭmooŏl Atŭlāwŏŏl, ha agĭmtĕ Atŭlā ha Pelĭp pĕtkowootooŭk ha ootagŭnoodŭmooawŏl Sāsoosŭl.

23 Ha Sāsoos ootasedāma, eetŭm: Tĕpŭnaskooĭhak egĕhe pŭmowsooĭn Ookwŏŏsŭl ookechetŭme-tŭhamkoosĭn.

24 Ulĭhĕ, ŭlĭhĕ, yŏŏhoolĕkw, tanŭch eaga n'koochemĭngŭt hĭglĭskalŭn skat ŭlebŭnāgwehanook kŭtakŭmeegook ha skat mĕchenā-

wenŏŏk, n'koodookahtĕk; kānookŭloo mĕchenāwĭk k'chāowwemĭn-kasooch'.

25 Tan wŏŏt moosajĭt oopŭmowsooagŭn, ookŭskatoo'nch. Kānookŭloo tan akwetŭhhadŭk oopŭmowsooagŭn yoot ooskĭtkŭmĭkw, ootankāoo'tŭmŭn askŭmowsooagŭn ĭkŏŏk.

26 Wĕn loo'kāwĭt noosookooĭch; ha tan āe, nooskenoosŭm net tĕtŭch āetŭch'. Wen lookāwĭt N'mĭhtakws ookeche-tŭmetŭhamâl'ch.

27 Tŭkā'ch n'chŭcha'kw oonmăjedŭhasoo: ha kākooch' n'teetŭm? N'metakwe', oochekekehe'n yoot t'paskooteegŭn! Kānookŭloo ooche yoot n'pŭkŭche yoot t'paskooteegŭnŭk.

28 N'me'takwe', k'chetŭmetŭhadŭmoon kooesooŭn'. Toocheu [Nŭkskam] noodooŏh ĕtlāwĕstakw spŭmkeek, eetŭm: N'kesĭkchetŭmetŭhadŭmŭn, ha neaga apch n'kechetŭmetŭhadŭmŭn'ch.

29 Netwāje mowehamŭk tanĭk sĕklŭteejĭk kwĭheu', etŭmootooŭk: Pā'dageu'. Kŭtŭkĭk etŭmootooŭk: Asā'leŭl ookŭloo'lkool.

30 Sāsoos asedāmat ha eetŭm: Yoot kŭloowagŭn skat oochehegahāoo ooche nel: kānookŭloo oocheëgĕhĕ ooche kelooow'.

31 Tŭkāch yoot ooskĭtkŭmĭkw ŭtploodasoo; tŭkā'ch yoot ooskĭtkŭmĭkw ookĭnchāmŭs'ŭmŭl noodeakânch'.

32 Ha nel ooche-oonagĕhlĭmk' ktakŭmeegŏŏk, noochkooĭphak'ch m'seu pŭmowsoooenooŭk tan āe.

33 Yoot wĕje-eetŭk ootahkenooĕhtoon tanŭch ĕlemĕchenĕt.

34 Pŭmowsooenooŭk ootasedāmawŏl: Nooje-noodŭm-ŭnĕnoopŭn bootoosooagŭn ĭkŏŏk Newĕsk' askŭmeheu. Ha kĕkwsā' wĕje-heetŭmŭn pŭmowsooĭn Ookwŏŏsŭl chooeoonagĕhlach? Wĕn ea' nŭt pŭmowsooĭn Ookwŏŏsŭl?

35 Toocheu' Sāsoos ootĭha: Makeyāoo pŭshakwhĕk wĕjehĕmkoo'nea. Pŭmabasĭkw kwĕneheeyĕkw pŭsakwhĕk, wĕlaman pĭskahtĕk skat ktŭlŭmĭhkagoonea; eebŭchŭl tan pāmĭhat pĭskatādook skat ookŭjejetooŭn tan ĕlehat.

36 Kwĕneheeyĕkw pŭsakwhĕk wŏŏlamsŭtŭmŏŏkw pŭsakwhāgĭkŏŏk, wĕlaman ookwŏŏsĭn pŭshakwhĕk ŭkhŭkāwŏ. Yootŭl kĕkwsăl Sāsoos eetŭkĭl, ha machĕhĕ ha neaga ookwasŏŏhtooŏh.

37 Kānook kak ĕdoochĭktana'gŭtool kenooŏskoodcegŭnŭl kesātak'pŭnĭl wāoochŭskooweu, skat oolamsŭtŭmoo'nĕawepŭn oohŭkĕk.

38 Wĕlaman Esae nekanĭk-chejetakawenoo' ookŭlooswagŭn, ŭlāu tan eetŭkŭs: Ukchesakŭm, wĕn kese oolamsŭt'ŭkŭs n'tagŭnoodŭma'gŭnŭn? ha wĕn Ukchesakŭm oopetĭn ĕlĕmĕsooĕhtoowŏŏts'?

39 Netwāje skat kese-wŏŏlamsŭtŭmootectekoopŭn, eebŭchŭl Esae apch eetŭkŭs:

40 Ookesĭnkabooĕhtooanŭl ooseskooŏl, ha neaga ookesesaglĭhtooanŭl oomŭshoonooŏl; wĕlaman skat oochenŭmĭhtahteuneal ooses-

koŏŏl, ha oochĭnsŭtŭmooteuneal oomŭshoon'ooŏl, ha ookwŏŏlpĕh-lŭsoolteunea, ha nel n'kesepelawŭnp'.

41 Yootŭl kĕkwsăl Esae etŭkŭpŭnĭl, eebŭchŭl oonŭmĭhtooŏnāpŭn ookechetŭme-tŭhamkoosoowagŭn, ha neaga oonŭstooha'bŭnĭl.

42 Kānookŭloo ŭktanakwsooŭk pootooŭsooenooŭk wĕlamsŭtŭmooteejĭk oohŭkĕk, kānookŭloo ooche Paloo'se skat oopabĕhkensŭtoomoonea, ooche skat oochenoodeh-nawŭnp hemeāwĭgwamŭk.

43 Eebŭchŭl oopeāme-moosaje'nea pŭmowsooenooŭk ookechetŭme-tŭham-koosooagŭnoowŏ skatŭk Nŭkskam ookechetŭme-tŭhamkoosooagŭn.

44 Ha Sāsoos kĭntakwsoo, eetŭm: Tan wĕlamsŭtŭk n'hŭkĕk skat [tĕpŏŏkt] 'leoolamsŭtŭmoo nel n'hŭkĕk, kānookŭloo Nāgŭm oohŭkĕk tan pĕtŭkemĭtpŭn.

45 Ha tan nĕmĭhat oonŭmĭhal Tanĭl pĕtŭkemĭtpŭr.ĭl.

46 N'pŭkŭche ooskĭtkŭmĭkw n'pŭshakwhan, wĕlaman m'seu wĕn tan wĕlamsŭtŭk n'hŭkĕk, skatŭp pŭmehāoo pĭskatātŏŏk.

47 Ha tan wĕn nootŭk n'kŭlooswa'gŭnŭl ha skat kŭlnŭmook, nel skat n'tŭbloomaoo; kānookŭloo skat nooche-pŭkŭchehow n'tŭploo'tŭmŭn ooskĭt'kŭmĭkw, kānookŭloo wechepŭkŭchehae n'kekĕhtoon ooskĭtkŭmĭkw.

48 Tan wĕn sāmahlĭt, ha skat wekwātŏŏkw n'kŭlooswa'gŭnŭl, ootewŏl tanĭl tĕbloomchĭl.

Kŭlooswagŭn tan etŭmanpŭn, netŭch tĕbloomal m'chŭsŭlāwā keesŏŏk.

49 Eebŭchŭl skat nooche-kŭloosekoopŭn nel n'hŭkĕk, kānookŭloo N'mĭhtakws tan pĕtŭkemĭtpŭn, Nāgŭm n'mĭlkoonāpŭn hŭlgetŭmooagŭn tan ĕlāwĕstoo ha tan eetŭm.

50 Ha n'kŭjejĭhtoon ootŭlgetŭmooagŭn askŭmowsooagŭneu'. Netwāje tanĭl kĕkwsăl nĕstoomanĭl N'mĭhtakws tan ychĭtpŭn' net nĕstŏŏm'.

Chapter XIII.

1 Net mĕskw nankŭmehanook wĭkhŭpalteemŭk Sāsoos ookoojejĭhtoonĕs' ootĕbŭnaskooehaagŭm egĕhĕ oochenoodahan ooskĭtkŭmĭkw ha ootŭlĭhan Oomĭh'takwsŭk, kes ookesĭksĕlmabŭnĭhĭ oosewĕs tanĭhĭ ooskĭt'kŭmĭkw āooltelejĭhe, oomoosalabŭnehe malŭmŭtā māchehak.

2 Ha oolagwĭhpooagŭn e'gŭhĕs, ha mŭchŭhant ookese-pejĕhtooŏts Sooda Iskăleo't Semoo ookwŏŏsŭl oomŭshoonŭk ootahkenooĕhlan;

3 Sāsoos ookŭjejĭhtoonĕs' Oomĭhtakwsŭl oopoonĕhtagoon m'seu kĕkwsal oopeteenŭk, ha nāgŭm ookesuchĭhan Nŭkskamooĭkŏŏk, ha ootŭlĭhan Nŭkskamooĭkŏŏk ;

4 Ooche-oonagĕnsoopŭn oolagwĭhpooa'gŭnŭk, ha oopoonĕhtoonāpŭnĭl ootŭlkwŏŏtawagŭnŭl, ha wekwĕhtoonāpŭn kasegŏŏhoosoot' ha ootŭlĕgŭpĭlsenāpŭn.

5 Agĭmtĕ oosooka'toonāpŭn sâmagwŏn tooegŭsegwĕnsootĭk, toocheu' oomachĕksŭspatooŏnāpŭnĭl ooseetoowŏl' tanĭhĭ ĕgĕhkemājĭhĭ, ha oochekashŭmooanāpŭnĭl kasegŏŏhoosootĭk tan ĕlĕgŭpĭlsĭtpŭn.

6 Toocheu' oopŭkŭchehanŭl Semoo Peālŭl, ha Peāl ootĭhal: Nsa'kŭmâm, kŭsŭspatoonŭl 'nseetŭl?

7 Sāsoos asedāmat ha ootĭhal: Tan ĕlŏŏkĭ tŭkā'ch skat ŭkŭjejetooŭn; kānookŭloo ĕlmĭhak kŭjejetoo'nch.

8 Peāl ootĭhal: Kel skattĕhch kŭsŭspatooweunŭl 'nseetŭl. Sāsoos ootasedāmâl: Skat ŭksŭspahlŭl'ooân' kel skadama k'teëwŭn tŭpĕltŭmooagŭn 'nhŭkĕk.

9 Semoo Peāl ootĭhal: N'sakŭmâm, skat tĕpŏŏkt 'nseetŭl, kānookŭloo neaga 'npetcenŭl ha neaga nŭneagŭn.

10 Sāsoos ootĭhal: Tan wŏŏt kesĭksŭspatasĭt tĕpŏŏk't wĕtŭmĕtŭhadŭk ookoosŭspahtoon ooseetŭl, ha toocheu' 'nkĭhkapabâtŭmepĕhkeegoo. Ha kelooow' ŭkpabâtŭmepĕhkeegoolteba, kānookŭloo skat m'seu.

11 Kānookŭloo Sasoos ookŭjeĭ'hal tanŭl kĕtooekenooĕhlĭhjĭl, netwāje eetŭk: Skat 'mseu' ŭkpabâtŭme-pĕhkeegoolteeba.

12 Net kesĭksŭspatoo'ŏt ooseetooŏl, ha kesewĭhkwāâtâkw ootŭlkwŏŏtāwa'gŭnŭl, ha kesŭpĕssĭt, ootĭha: Kŭjejetoo'nea keselĕhlŭlĕkw?

13 Tŭleweheepa Noodŭkĕhkegāmĭt ha'Nsâ-

kŭmamŭn, ha koolâmhŭteeba, eebŭchŭl nel nŭt.

14 Netwāje nel tan koosakŭmamoolte'nea 'nhŭk, ha neaga kŭnootŭkĕhkemlŭpa, ŭksĭspahtoolĕkw ŭkseetooŏl, kelooow'-ŭpŭna kŭsŭspa-taootool-te'neal ŭkseetooŏl.

15 Eebŭchŭl kesemĭlŭn'ea kĕhkĭmsoot k'tŭlookhŭte'nea tan lĕhlŭlĕkw.

16 Ulĭhĕ, ŭlĭhĕ, yŏŏhoolĕkw, tan wŏŏt tĕbĕlŭmŭkwsĭt, skat ăjĭspāu skatŭk oosâkŭmamŭl; kŭsŭna tan wŏŏt ĕlkeemoo't skat peāme-spāu skatŭk tanĭl ĕlkemajĭl.

17 Net kŭjejetooĕkw yootŭl kĕkwsăl, koolāoolteeba hŭlŏŏkhŭteĕkw'.

18 Skat noochekŭlooseu 'mseu kĕs'eĕkw: 'nkŭjejĭhâk tanĭk mĕgŭnookpŭnĭk : eebŭchŭl wĕlamân tan ĕloowĭkhasĭk ŭlĭhĕ : Tan wŏŏt mowĭhpoolteeĕk hŭpanŭl, ĕleoonagĕhtak'ws wookwŭn nel ŭlgweu.

19 Net nekanagŭn-ootŭmoolpa mĕskw egŭhanŏŏk, wĕlamân eegŭhâk koolâmsŭtŭmŭnea'ch nel nŭt.

20 Ulĭhĕ, ulĭhĕ, tan yŏŏhoolĕkw, tan wĕn wekwĕhlat tanĭl nel ĕlkeemook, neaga nel noowĭhkwĕhlŭkw. Ha tan wĕn wekwĕhlĭt nel, wekwĕhlal tanĭl pĕtŭkemĭtpŭn.

21 Net Sāsoos kese eetŭk neetŭl, wŏŏnmăje-dŭhasoo oomŭshoonŭk, ha ootăgŭnoodŭmooha, eetŭk: Ulĭhĕ, ŭlĭhĕ, tan yŏŏhoolĕkw, pĕskw kelooow' 'ntakenooĕhlŭkwch.

22 Toocheu' nootŭhkĕhkemoojĭk esagehoo-

tooltooŭk, skat ookŭjejĭhaweuwŏl tanĭl wĕnĭl eetŭkĭl.

23 Net pĕskw tanĭhĭ Sāsoos ĕgĕhkęmajĭhĭ, tanĭl Sāsoos kĕsĕlmajĭl, sĭtkwĕhscᴏnool Sasoosŭl oopŭskoonŭk.

24 Netwāje Seemoo Peāl oomătkwĕhtoowŏl oopabĕhchemân tanĭl wĕnĭl eetŭkĭl.

25 Toocheu' nāgŭm tan ĕsĭtkwĕssĭkpŭn Sāsoosŭl oopŭskoonŭk, ootĭhal: N'sakŭmâm wĕn nŭt?

26 Sāsoos asedāmat' eetŭm: Nŭt ĕhtŭ tanŭch meelook ăpsŭgĭkwsŭsŭk keseskwĭhhegeân'. Ha kese skwĭh-heegĕk ăpsŭgĭkwsŭsŭk, oomeelân Sooda Iskăleotŭl.

27 Kesĭmsŭnŭk ăpsŭgĭkwsŭsŭk muchŭhant' ookŭsahaanŭl. Toocheu' Sāsoos ootĭhal: Tan kĕkw kĕdelĕhta'geŭn, nŭkŭsalātâk'.

28 Net skat wĕn nāgŭmow tanĭk mowepoomajĭk ookŭjejetoonea kĕkwsā' wĕjeyŭhat net.

29 Kānookŭloo ankwŏŏch ledŭhasooltᴏoŭk eebŭchŭl Sooda ooteĭn manenoot', Sāsoos ookeseyŭhân mŭnŏŏhmoo'n tanĭl kĕkwsăl pawa'tŭmŭkw ooche wĭkhŭpalteemŭk, kŭsŭna oomeelan kĕkwsā tŭmaksŭsoowenoo.

30 Net kesĭmsŭnŭk ăpsŭgĭkwsŭsŭk nŭkŭsa-noodĕhĕ: ha kes pĭskehĕ.

31 Ha netwāje kese noodŭhat Sāsoos eetŭm: Tukāch' pŭmowsooĭn Ookwŏŏsŭl k'chetŭmetŭhâmkoo'sooŭl.

32 Ha Nŭkskam wĕjĭk-chetŭme-tŭhâm-

koosĭt oohŭkĕk. Nŭkskam neaga ookechetŭmetŭhan âl'ch oohŭkĕk, ha oonŭkŭsak-chetŭme-tŭhamâlch'.

33 Wasestŏŏk, 'mchŭsŭl makeāwŏŏs kooejāyoolpa. Kweloohepâch', ha stŭkā' yŭhŏŏkpŭn Lĕsweesŭk tan tĕt ā'lehae skat pĕdabasun'ea, net na kelooow' yŭhoolĕkw.

34 Pelā' hŭlgetŭmooagŭn melĕkw, wĕlamân kŭsĕltoolte'nea. Stŭkā' net ĕlĭksĕlmŭlĕkw, net na ŭktŭlĭksĕltoolte'nea kelooow'.

35 Netŭch 'mseu wĕnĭk ookŭjejetoo'nea kelooow' koodŭkĕhkĭmkoosoolte'nea nel 'nhŭkĕk ŭksĕltoolteĕkw'.

36 Semoo Peāl ootĭhal: N'sakŭmâm, tama k'tŭle? Sāsoos ootasedāmal: Tan ā'lehae skat kese noosookŭweu' tŭkāch'; kānookŭloo ĕlmĭhak noosookooĭch'.

37 Peāl ootĭhal: Nsa'kŭmâm, (kĕkwsā' wāje,) kĕkwāje skat kese noosookooloo tŭkāch? 'npŭmowsooagŭn 'ntŭlepoonmŭnch ooche kel.

38 Sāsoos ootasedāmal: K'tŭlepoonmŭnch k'pŭmowsooagŭn ooche nel? Ulĭhĕ, ŭlĭhĕ, yŏŏhool, nabaha'ch skat mŭtĕhtakseu agĭmtĕ ŭktĭgŭnāwalĭch' nĭhĭ.

Chapter XIV.

1 Moo sak oonmăjedŭha'sooĭch k'mŭshoonoowŏl! Woolămsŭtŭmootĭkw Nŭkskam oohŭkĕk, ha neaga nel 'nhŭkĕk wŏŏlămsŭtŭmootĭkw!

2 Lâmekwâm 'Nmĭhtakws week ŭktana- gŏŏtool' ehyooltĭmkĭl. Skat lāenookŭsŭpŭn ŭktehoolneapŭnp'; ecbŭchŭl nel 'ntŭlĭhan năjewŏŏlĕhtoolnea tan ehyoolteemŭk.

3 Ha lĭhayan ha năjewŏŏlĕhtoolĕk'w ehyoolteemŭk, ăpchŭch 'npŭkŭche ha tŭlewĭhkwĕhlŭlpach' 'nhŭkĕk, wĕlamân tan āc kelooow' na k'teoolte'nea.

4 Ha kŭjejetoote'nea tan ālehac, ha neaga kŭjejetoote'nea owht.

5 Tooma ootĭhal: Nsakŭmâm, skat 'nkŭjejetoonā'wĭn' ālehayĭn, ha tan n'tŭle-kesĭkchĭje'toonān' owht?

6 Sāsoos ootĭhal: Nel net owht, ha neaga wĕlămāwa'gŭnĭ, ha pĕmowsooa'gŭnĭ. Skat wĕn oopŭkŭcheha'ocnŭl N'mĭhtakwsŭl skat ooche-pŭkŭcheha'kw nel 'nhŭkĕk.

7 K'checheyĕkwsŭpŭn nel, k'cheche-hawŏpŭna 'Nmĭhtakws. Ha tŭkāch' wĕjĕhtag= mŭk kŭjejchawŏ Nāgŭm, ha kese nŭmehawŏ.

8 Pelĭp ootĭhal, N'sakŭmam, mooskātooenĕh K'mĭhtakws, ha netŭch keaskwe neeloon.

9 Sasoos ootĭhal: Kes kwānewejā-oolĕkw, Pelĭp, ha mĕskw māch kŭjejĭhu? Tan kese nŭmĭhĭt neel ookese-nŭmĭhal 'Nmĭhtakwsŭl. Ha kĕkwsā' wĕje-eetŭmŭn, Mooskātooenĕh k'mĭhtakws?

10 Skat ea' koolămsŭtŭmooŭn nel 'nteĭn 'Nmĭhtakws oohŭkĕk? ha neaga 'Nmĭhtakws ëu nel 'nhŭkĕk? Kŭlooswa'gŭnŭl tanĭl yŏŏhoolāgwĭl skat nooche-etŭmoo'nŭl nel

'nhŭkĕk; kānookŭloo 'Nmĭhtakws tan mĕjemehëĭt 'nhŭkĕk, Nāgŭm ootŭlookanŭl lookāwa'gŭnŭl.

11 Wŏŏlămsŭtooĭkw nel 'nte 'Nmĭhtakws oohŭkĕk, ha neaga 'Nmĭhtakws ëu nel 'nkŭkĕk, kŭsŭna ooche-wŏŏlăm-sŭtŭmookw lookāwagŭn ĭkŏŏk.

12 Ulĭhĕ' ŭlĭhĕ, yŏŏhoolĕkw' Tan wĕlămsŭtŭk 'nhŭkĕk lookāwagŭnŭl tanĭl nel ĕlookeanĭl nāgŭmchŭna ootŭlookanul: ha peāmkĭkwŭnoo'lch lookāwa'gŭnŭl ĕlātagājĭl, eebŭchŭl 'ntŭlĭh' 'Nmĭh'takwsŭk'.

13 Ha tan kĕkwsā' wĕje-wekoo'dŭmĕkw nel noowesoo'ŭnŭk, net 'ntŭlātaga'nch; wĕlamân 'Nmĭhtakws ookeche-tŭme-tŭhamkoosĭn Ookwŏŏsŭl oohŭkĕk.

14 Wehkoodŭmĕkw kĕkwsā' nooesoonŭk, 'ntŭlātaga'nch.

15 Moosaleā'kw, sâktŭmook 'ntŭlgetŭmooa'gŭnŭl.

16 Ha nelŭch n'kwelootŭmooŏn 'Nmĭhtakws, ha k'ĭnĭlkooneach' kŭtŭk Noojewŏŏlĕh'looĕt, ha Nāgŭm wejāagoowŏhch' mājemeu'.

17 Nŭt oolămāwagŭnā''Mchŭcha'kw, tan ooskĭt'kŭmĭkw skat kese wekwĕhlakwĭl; eebŭchŭl skat oonŭmchoweŭl kŭsŭna skat oonŭnooow'eŭl. Kānookŭloo kelooow' k'nŭnooawŏ; eebŭchŭl wejāagoo'ŏ, ha eooch' ŭkhŭkāwŏk.

18 Skatŭch k'nŭl ŭlŭloopa ŭksāsŭme-kebŭswŏŏl-te'nea. Aoolteyĕkw ŭkpĕtĕhkoolpach'.

19 Net 'mchŭsŭl makeāwŏŏs ooskĭt'kŭmĭkw skatŭch nŭmehoogoo'ŭn : kānookŭloo kelooow' k'nŭmeheeba ; eebŭchŭl nel n'pŭmŏws', kelooow'na koojepŭmowsoolte'nea.

20 Net kesoo'ken kŭjejetoonea'ch nel 'nteĭn 'Nmĭhtakws oohŭkĕk, ha neaga kelooow' ŭkteoolte'nea nel 'nhŭkĕk; ha neaga nel 'nteĭn kelooow' ŭkhŭkāwŏk.

21 Tan āĭt' ntŭlgetŭmooa'gŭnŭl, ha oosaktŭm'ŭnŭl, nāgŭm nŭt 'nkŭsĕlmŭkw; ha nāgŭm tan kĕsĕlmĭt, oochĭksĕlŭmooksooch 'Nmĭhtakwsŭk; ha nelŭchŭna 'nkŭsĕlma nāgŭm; ha 'ntŭle nĕsooĕhiŭsŭch oohŭkĕk.

22 Sooda ootĭhal, (skat Sooda Iskaleot), 'Nsakŭma'mŭn, tanŭch ŭktŭle-kese-mĕsooĕhlŭsĭnch 'nhŭkānook, ha yaga skat k'mĕsooĕhlŭseewŭn ooskĭtkŭmĭkw ?

23 Ĺāsoos asedāmat, ha ootĭhal: Wĕn mŏŏsâlĭt', 'nkŭlooswa'gŭnŭl oosaktŭmŭnŭlch, ha 'Nmĭhtakws ookŭsĕlmal'ch : ha 'npĕhtĕhkooanŭch tan āĭt, ha 'nwejāow-tooltenānŭch.

24 Tan skat mŏŏhsalĭkw, nāgum skat oosaktŭmoonŭl 'nkŭlooswa'gŭnŭl. Ha kŭlooswagŭn tan nootŭmĕk'w skat nel n'kŭlooswagŭn net, kānookŭloo 'Nmĭhtakws ookŭlooswagŭn net, Tan pĕtŭkemĭtpŭn.

25 Yootŭl kŭlooswa'gŭnŭl yŭhoolāgwĭl kwĕne-wejāoolĕkw.

26 Kānook Noojewŏŏlĕhlooĕt' kĕsŭsŭt 'Mchŭchakw, Wĕje-oalenewĕskwĭt, tanĭl N'mĭhtakws ootŭ gemâl'ch nooesooŭnŭk Nāgŭmch

'knŭka-kĕhkĭm-koonea'lch 'mseu kĕkwsăl, ha kesātagooneach k'mĭkwedŭhadŭmŭnea m'seu kekwsăl tanĭl nel kese-yŏŏhoolĕkwpŭnĭl.

27 Wŏntŭkāooagŭn nŭgŭt'ŭmŭn ŭkhŭkāwŏk. N'wŏntŭkāooagŭn kŭmĭlŭn'ea. Skat ŭktŭlemcloone'a stŭkā' ooskĭtkŭmĭkw ĕleme'loowĕk'. Moo sak sĕspādŭha'sooĭch k'mŭshoonooŏl', kŭsŭna moo sak sĕksooĭch!

28 K'noodŭmŭneapŭn yŏŏhoolĕkwpŭn 'nmachŭha ha ăpchŭch ŭkpĕtĕkoolpa tan āooltcĕkw. Moosalcĕk'w kooledŭhasooltebap', ccbŭchŭl 'nteetŭmoopŭn 'ntŭlĭh 'Nmĭhtakwsŭk, ccbŭchŭl 'Nmĭhtakws peĕmkĭl skatŭk nel.

29 Net tŭkā'ch kese-yŏŏhoolĕkwpŭn mĕskw skat tĕbŭnaskoochanŏŏk, wĕlamân toochen' tĕbŭnaskoochâk' koolâmsŭtŭmŭnea'ch.

30 Skat agwŏmk tŭlemuskooĭmloopa, ccbŭchŭl ooskĭt'kŭmĭkw ookĭnchāmŭs'ŭmŭl chkoowĭh'cyŭl, ha nel 'nhŭkĕk skatama kĕkw ootchcewŭn.

31 Kānookŭloo wĕlaman ooskĭt'kŭmĭkw ookŭjejĭhtoon 'nmoosalan 'Nmĭhtakws, ha neaga tan 'Nmĭhtakws ĕlĭtploo'mĭt, net ĕlātaagĭ. Oonagĕsooltĭkw'! majeabasencch!

Chapter XV.

1 Nel noolămāwe-alagwemenâksooĭ, ha 'Nmĭhtakws nootkekāwĭn.

2 M'seu p'skĕtkwŏŏnool 'nhŭkĕk tan skat menenook, oosāmatoon: ha 'mseu p'skĕtkwŏŏnooĭ tan menĭk, oomoosegĕhtoon, wĕlaman ăjemĭnkasoo.

3 Tŭkā'ch wĕje-pĕhkegool-teĕkw kulooswagŭn ĭkŏŏk tan keseyŏŏhoolĕkw.

4 N'gĕsooltĭkw nel 'nhŭkĕk, ha nel kelooow' ŭkhŭkāwŏk. Stŭkā' p'skĕtkwŏŏn skatŭch keseminkaseu skat chegŭlmenook alagwemenâksĭk, ha kelooow' na skat 'ngĕsoolteuwĕhkw n'hŭkĕk [skatŭch kese-wŏŏlātakŭteepa.]

5 Nel alagwemenâk's; kelooow' p'skĕtkwŏŏnool. Tan wĕn ĕngĕsĭt n'hŭkĕk ha neaga nel na n'tŭngĕss oohŭkĕk, nāgŭm wŏŏleminkasoo: eebŭchŭl nel skat ĕeuŏn k'tŭchĕlĕsoolte'bach.

6 Tan wĕn skat ĕngĕseekw 'nhŭkĕk, lesāmalŭkwsoo stŭkā' p'skĕtkwŏŏn, ha kespahsaasĭk, ha mowāoodasooŭl ha k'chŭseāoodasooŭl, ha p'skwŏŏlādasooŭl.

7 N'gĕsoolteĕkw 'nhŭkĕk, ha n'kŭlooswa'gŭnŭl 'ngĕsooŭl ŭkhŭkāwŏk, wekoodŭmŭnea'p tan ĕlewŏŏle-dŭha'-dŭmĕkw ha tŭlookāukĕneya'ch.

8 Net 'Nmĭhtakws wĕjĭkchetŭmetŭhamkoosĭt ketanagwe-mĭnkase'nea; ha neaga kelooow' kootŭkĕhkĭmkooseba'ch n'hŭkĕk.

9 Stŭkā' tan N'mĭhtakws ĕlĭksĕlmĭtpŭn, nel net kelooow' ĕlĭksĕlmŭlĕkw: n'gĕsooltĭkw n'kŭsĕltŭmooa'gŭnŭk.

10 Saktŭmĕkw n'tŭlgetŭmooagŭnŭl' k'tŭngĕsoolteba'ch 'nkŭsĕltŭmooa'gŭnŭk. Stŭkā' nel ĕle-hemoowŏŏkpŭn N'mĭhtakws ootŭlgetŭmooa'gŭnŭl, ha n'tŭngĕss ookŭsĕltŭmooa'gŭnŭk.

11 Yootŭl kĕkwsăl keseyŭhoolāgwĭl wĕlamân noole'dŭhasooagŭn ëu ŭkhŭkāwŏk, ha neaga wĕlamân l'ooledŭhasooagŭnooŏl oochĭpsŭnātasoo.

12 Yoot n'tŭlgetŭmooagŭn, kelooow' kŭsĕltootoolte'nea ; stŭkā' ĕlekesĭksĕlmŭlĕkw, net na kelooow' ŭlĭksĕltooltĭkw'.

13 Skat wĕn agwâmk' lekesĭksĕlmooāoo tŭhaloo wŏŏt tan ĕlepoo'nŭk oopŭmowsooagŭn ooche ooseewe.

14 Kelooow' 'nseweŭk ŭlookhŭteyĕkw tan ĕlgĭmlĕkw.

15 Skat agwŏmk k'tŭlme-lewchooloopa nootlookātŭmŭk ; eebŭchŭl nootlookĕt skat ookŭjejetoo'ŭn tan tĕbĕltŭmŭlejĭl tan ĕlookālĭt: kānookŭloo k'tlewchoolpa n'se'weŭk, eebŭchŭl 'mseu kĕkwsăl tanĭl wĕjenoodŭmanĭl N'mĭhtakwsŭk k'takenooĕhtoolneapŭnĭl.

16 Kelooow' skat kŭmŭkŭnebakoopŭn, kānook kelooow' nel kŭmŭkŭnŭloobapŭn, ha ĕloohegalĕkwpŭn, wĕlamân k'tŭleulte'nea, ha neaga k'mĭnkase'nea, ha tan ĕlemĭnkaseĕkw oomājeme-ŭngĕsoo. Welaman 'mseu' kĕkwsăl ooche-wekoodŭmĕk' 'Nmĭhtakwsŭk n'nooesooŭnŭk, kŭmĭlkoonea'ch.

17 Yootŭl kĕkwsăl ĕlkĭmlāgwĭl wĕlamân kŭsĕltoolteba.

18 Ooskĭt'kŭmĭkw akwetŭhamla'kw, kŭjejetoo'nea n'takwe-tŭhamkoonāpŭn nel mĕskw kelooow' akwetŭhâmloowâk'w.

19 Ooskĭt'kŭmĭkw tŭlāowoolteĕk'w, ooskĭt-

kŭmegoop ookŭseltŭmŭnp' tan yoot nāgŭm. Kānookŭloo ooskĭtkŭmĭkw skat ŭktŭlāowoolteeba, kānook nel koojĭmkŭnloobapŭn ooskĭt'kŭmĭkw, netwāje ooskĭtkŭmĭkw k'takwedŭhamkoo'nea.

20 Mĭkwedŭhadŭmook' yŏŏhoolĕkwpŭn: Nootlookĕt skat peĕmĭtpŭseu skatŭk tanĭl tĕbĕltŭmŭlejĭl: Nel kesewĕhkanhetĭt kelooow'ŭch'ŭna k'toowĕhkan-hoogoowŏk'ch. Saktŭmootĭtsŭpŭn n'kŭlooswagŭn, neaga saktŭmagoonŭlch kelooow' ŭkŭlooswagŭnooŏl.

21 Kānookŭloo 'mseu yootŭl kĕkwsāl tlĕhlŭgoonea'lch ooche nooesooŭnŭk, cebŭchŭl skat oonŭnowawewŭl Tanĭl pĕtŭkŭmĭtpŭnĭl.

22 Nel skat pŭkŭchehawŏnsŭpŭn ha kŭloolawŏnsŭpŭn, skatŭp ootĕeunea lakŭmĭksooagŭn. Kānookŭloo tŭkā'ch skadama ootĕeu'nea tan wĕje-kese-asooŏhmootĭt ootŭlkŭmĭksooagŭnoowŏl.

23 Tan woot akwedŭhamĭt nel, N'mĭhtakwsŭlna ootakwedŭhamal.

24 Skat ŭlookāwŏnsŭpŭn oohŭkāwŏk lookāwa'gŭnŭl tanĭl meskw wĕn ĕlookākwĭl, skatŭp ootĕeunea lakŭmĭksooagŭn oohŭkāwŏk. Kānookŭloo tŭkā'ch n'nŭmchoogoonān ha neaga n'takwetŭhamkoonān tŭkweu nel ha 'Nmĭhtakwsŭl.

25 Kānookŭloo nel ŭlĭhĕ wĕlaman kŭlooswagŭn tan elooĭkhasĭk oobootoosooagŭn ĭkŏŏk ŭlĭhĕ: N'takwe-dŭham-koo'bŭnĭk ooche pesooweu'.

26 Kānookŭloo tan toocheu' Noojc-wŏŏlĕhlooĕt pŭkŭcheha't, tan wĕtŭkemookch 'Nmĭhtakwsŭk, M'chŭchakw oolămāwagŭnā' tan wĕjcmachŭhat 'Nmĭhtakwsŭk' Nāgŭmch nŭspeuwŏŏlămāwŭkw.

27 Ha neaga kelooow-ŭchŭna k'nŭspeuwŏŏlamhŭteba'ch, eebŭchŭl wejāooeba wĕjĕhtagāmŭkŭtā amskooŏs majŭhâ'k.

Chapter XVI.

1 Net wĕjeyŏŏhoolĕkw yootŭl kĕkwsāăl wĕlaman skat kŭnăbĭskwŏhmateepa.

2 Kooche-noodĕh-lŭkoowŏk'ch emchāwĭgwamŭk. Choodĕhchŭloo tĕbŭnaskooĭhak' egĕhĕch' tan toocheu' tan wĕn napŭhoo'lakch ledŭhasoo'ch ootŭlookāwŏn Nŭkskamŭl.

3 Ha netŭl kĕkwsăl tŭlĕhlŭkooneălch eebŭchŭl skat ookŭjejehawewŏl N'mĭhtakwsŭl, kŭsŭna nel.

4 Kānookŭloo wĕjeyŏŏhoolĕkwpŭn yootŭl kĕkwsăl wĕlaman tan toocheu tĕbŭnaskooĭhak egĕhĕch', mĭkwedŭhadŭmŭnea'ch kese yŏŏhoolneas'. Kānookŭloo yootŭl kĕkwsăl skat yŏŏhoolooĕkkoobŭnĭl wĕjātagāmŭk ŭmskooós' ma'chahak, eebŭchŭl koowej-āyooloopapŭn.

5 Ha tŭkā'ch n'tŭlĭh' Tan āĭt tan pĕtŭkĭmĭtpŭn, ha skat wĕn kelooow' n'tŭlepabĕh'chĭmkoo', Tama' k'tŭlĭh ?

6 Kānookŭloo eebŭchŭl yŏŏhoolĕkwpŭn yootŭl kĕkwsăl, wŏŏnmăje-dŭhasooagŭn 'psŭnĕsooŭl k'mŭshooncoŏl'.

7 Kānookŭloo oolămāwagŭn yŏŏhoolĕkw, koochekaneāwoolte'nea ĕlemachŭhac. Eebŭchŭl skat machŭhawa'n Noojewŏŏchlouĕt skatŭch pŭkŭchehāoo : kānookŭloo machŭhayan' n'pĕtŭkĭmach' āooltcĕkw.

8 Ha tan toocheu pŭkŭcheha't, ookülhŭma'nch ooskĭtkŭmĭkw ooche lakŭmĭksooagŭn, ha neaga ooche këakwehāwagŭn, ha neaga ooche ŭtploodŭmooagŭn.

9 Ooche lakŭmĭksooagŭn, eebŭchŭl skat oolămsŭtŭmoonea n'hŭkĕk :

10 Ooche këakwehāwa'gŭn, eebŭchŭl N'mĭhtakwsŭk n'tŭlĭh' ha kelooow' skatŭch k'nŭmcheepa agwŏmk.

11 Ooche ŭtploodŭmooagŭn, eebŭchŭ ooskĭtkŭmĭkw ookĭnchāmŭs'ŭmŭl kesĭtplooda'sooŭl.

12 Uktana'gwŏŏtool kĕkwsăl māch āëanĭl yŏŏhoolāgwĭl ; kānookŭloo skat kese-pŭmĭptoonëal tŭkāch'.

13 Kānookŭloo tan toocheu Wŏŏlamāwagŭnā' M'chŭchâkw pŭkŭcheha't, k'nĭkanowtekāookoowŏch' 'mseu' wŏŏlămāwagŭn ĭkŏŏk. Eebŭchŭl skatŭch ooche-kŭloo'seu oohŭkĕk, kānookŭloo tan kĕkw noo'tŭk ootăgŭnoodŭmŭn'ch, ha k'mooskĕhtagoonea'lch tanĭl kādeëgŭhagĭl.

14 Nāgŭmŭch'n'kechetŭmetŭhammŭk'wch; eebŭchŭl wekwātoon'ch nel n'mŭchĕsoom ha k'mĕssooehtagoonea'ch kelooow'.

15 M'seu kĕkwsăl tanĭl N'mĭhtakws āejĭl,

nel netŭl n'mŭchĕsoo'mŭl. Netwāje yŏŏhoolĕkwpŭn wĕkwātoonch nel n'mŭchĕsoom ha k'mĕsooĕh-tagoonea'ch kelooow'.

16 Makeāwoos ha skatŭch k'nŭmeheepa, ha apch makeāwoos ha k'nŭmehepach'.

17 Netwāje ankwŏŏch tanĭhĭ ĕgĕhkemajĭhĭ yŏŏhoodooltoo': Kĕkwsāea' yoot yŭhoolŭkw? makweāwoos ha skatŭch k'nŭmeheepa, ha apch makeāwoos ha k'nŭmehepach'? ha, Eebŭchŭl n'tŭlĭh' N'mĭhtakwsŭk?

18 Netwāje yŏŏhootooltooŭk: Kĕkwsā' ea' yoot tan wĕskoooo'tŭk? Makeāwoos? skat k'chejetoonāwĭn tan eetŭk.

19 Sāsoos ookŭjĕjĭhtoon ookŭtepabĕhjĭmkoon; ha ootĭha: Kooje-pabĕh-chedool-te'nea eebŭchŭl n'tetŭmoopŭn, Makeāwoos ha skatŭch k'nŭmeheepa, ha apch makeāwoos ha k'nŭmchepa'ch?

20 Ulĭhĕ' ŭlĭhĕ' yŏŏhoolĕkw' kelooow' ŭksasātĕmooltepa'ch, ha koonmatĕhmooltepa'ch, kānookŭloo ooskĭtkŭmĭkw wŏŏledŭhaseo'ch: ha koonmăje-dŭhasooltebach; kānookŭloo koonmăjedŭhaswa'gŭnoowŏl lekwoolpĕhtasooŏŏlch' wŏŏledŭhaswa'gŭnŭk.

21 Apet tan tooeheu kĕte nĕmekwŏŏseelĭt waseesŭl, sĕspādŭhasoo eebŭchŭl ootĕbŭnaskoochagŭm egĕhĕ; kānookŭloo kese nĕmekwŏŏseelĭt waseesŭl, māch skat mekwedŭhadŭmooŭn oosĕspādŭhasooagŭn edoocheooledŭhasĭt pŭmowsooenooŭl oonŭmekwŏŏselĭn ooskĭtkŭmĭkw.

22 Ha tŭhaloo kelooow' tŭkā'ch ĕleheyĕkw oonmăje'dŭhasooagŭn; kānookŭloo apch k'nŭmehoolpa'ch,ha k'mŭshoonooŏl ooledŭhasoowewŭl'ch, ha kooledŭhasooagŭnoowŏl skatŭch wĕn wekwĕhtagooneăl.

23 Ha net na keesook skatŭch kĕkw kweloodŭmooepa'ch. Ulĭhĕ, ŭlĭhĕ, yŏŏhoolĕkw, tan kĕkwsā wĕje-kwcloodŭmĕkw N'mĭhtakwsŭk nooesooŭnŭk, k'mĭlkoonea'ch.

24 Tŭkā'ch tŭkkeu' mĕskw kĕkw kweloodŭmootepa nooesoonŭk. Kweiootŭmootĭkw ha k'mŭsŭnŭmŭnea'ch, wĕlaman kooledŭhasooagŭnooŏh p'sŭntātasoo.

25 Yootŭl kĕkwsāăl yoohoolākwĭl kwelooāwĕstooa'gŭnŭk. Tĕbŭnaskooĭhak ch'kooĭhĕ tan toocheu skatŭch kŭlooloopa kwelooāwĕstooa'gŭnŭk, kānookŭloo pabĕk-agŭnootŭmoolnea'ch N'mĭhtakws.

26 Neet keesook wekoodŭmânea'ch nooesoo'ŭnŭk; ha skat ŭktĭhooioopa pabatŭmooāoolŭpach N'mĭhtakwsŭk.

27 Eebŭchŭl N'mĭhtakws Nāgŭm kŭsĕlmŭgooŏh, eebŭchŭl kŭmoosalepapŭn, ha neaga koolâmsŭtŭm-ootene-apŭn noojĭhan Nukskamoo ĭkŏŏk.

28 Noochehapŭn N'mĭhtakwsŭk ha pŭkŭchchapŭn ooskĭtkŭmĭkw. Apch nŭkŭtŭmŭn ooskĭtkŭmĭkw ha n'tŭlĭh' N'mĭhtakwsŭk.

29 Tanĭk wĕjekĕhkemoojĭk oohŭkĕk ootehawŏl: Tŭkā'ch ŭkpabĕkāwĕst', ha skat kwelooāwĕstoo.

30 Tŭkā'ch n'kŭjeje'toonā'n k'nŭkakchejetoon m'seu kĕkwsăl; ha skat kootŭmetŭhatŭmooŭn wĕn k'pabĕhchĭmkoon. Ooche yoot wĕje-wŏŏlam-sŭtŭm-ooteĕk kel koojĭhapŭn Nŭkskamoo ĭkŏŏk.

31 Sāsoos ootasedāma: Tŭkā'ch koolâmsŭtŭmooteeba? Sagĭhtŏŏk, tĕbŭnaskooĭhak chkooĭhĕ, ha neaga egĕhĕ, tan toocheu ŭksesĕhlŭgaba'ch m'seu wĕn weekŭk, ha k'nŭkanŭkkŭleba'ch n'pĕskoodĕch. Ha skat n'pĕskooweu', eebŭchŭl N'mĭhtakws n'wejāakw.

32 Yootŭl kekwsāăl yŏŏhoolĕkwpŭnĭl wĕlaman nel n'hŭkĕk wŏntŭkāooagŭn ŭkteĕnca. Ooskĭtkŭmĭkw ŭkteĕnea wŏŏnmăje'dŭhasooagŭn; kānookŭloo wŏŏledŭhasooltĭkw: nel n'kesepcĕmsŭnootŭmŭn ooskĭtkŭmĭkw.

Chapter XVII.

1 Yootŭl kŭlooswa'gŭnŭl Sāsoos etŭkŭb'ŭnĭl, ha spŭmŭk spŭmkeek ŭlaboopŭn, ha etŭmoopŭn: Me'takwe' tĕbŭnaskooĭhak egĕhĕ k'chetŭmetŭhamâ'n kwŏŏs, wĕlamân kwŏŏs kechetŭmetŭhamŭkw kel.

2 Stŭkā' kel ĕlemĭltŭpŭn ootŭpĕltŭmŭn m'seu m'hŭk, wĕlamân oomeelân askŭmowsooagŭn m'seu tanĭhĭ mĭltŭbŭnĭhĭ.

3 Ha yoot net askŭmowsooagŭn, ŭknŭnagoon kel tĕpŏŏkt wĕlâmāwe-Nŭkskam-weŭn, ha neaga ookŭjejeha'nea Sāsoos-Newĕskool tan pĕtŭkĭmtŭpŭn.

4 Nel kechetŭmetŭham-ŭloopŭn k'takŭm-

eegook: n'kesātoon lookūwagŭn tan meleŭnpŭn n'tŭlooka'dŭmŭn.

5 Ha tŭkā'ch, Me'takwe', oochĭkchetŭmetŭhamen kel ŭkhŭkĕk net k'chetŭmetŭhamkoosooa'gŭn ĭkŏŏk tan nescëyŭkwpŭn mĕskw kĕhtakŭmĭgwenook.

6 N'takĭnoowātooŏnāpŭn koocesooŭn nĭktŭk pŭmowsooenooŭk tanĭk wĕje-meleŭnpŭnĭk ooskĭt'kŭmĭkw. Kel nĕhkĕtkŭk, ha kel k'melenŭk, ha oosaktŭm-ŭncapŭn ŭkŭlooswagŭn.

7 Tŭkā'ch ookŭjejetoo'nea m'seu kĕkwsăl tanĭl kese meleŭnpŭnĭl oochehĕ ŭkhŭkĕk.

8 Eebŭchŭl kŭlcosooa'gŭnŭl tanĭl meleŭnpŭnĭl, n'melanā'pŭnĭl, ha oomŭsŭnŭmŭneäbŭnĭl, ha ookŭjejetoonea oolamāwagŭn ĭkŏŏk noojĭhan kel ŭkhŭkĕk, ha oolămsŭtŭmooteneapŭn k'pĕtŭkemeepŭn.

9 N'pabatŭmooāwŏk. Skat n'pabatŭmooāootŭmooŭn ooskĭtkŭmĭkw; kānookŭloo n'pabatŭmooāwŏk tanĭk meleŭnpŭnĭk, eebŭchŭl kel nĭkt.

10 Ha m'seu kekwsăl tanĭl nel, kel na neetŭl; ha tanĭl kel, na neetŭl: ha nel wĕjĭkchetŭm-metŭhâmkoose neetŭl.

11 Ha nel skat agwŏmk n'tŭlmëeu ooskĭtkŭmĭkw; ha yooktŭk ëooltooŭk ooskĭt'kŭmĭkw, ha nel n'pŭkŭche āëŭn. Nŭkskamwe-Me'takwe', ankāooŏn yooktŭk kooesoo'ŭnŭk tanĭk meleŭnpŭnĭk, wĕlamân lepĕskoowewŭkch, stŭkā' keloon ĕlepĕsoo'wëŭkw.

12 Tan kwĕne-wejehāmook, n'tŭtŭlankāoo-

abŭnĭk kooesooŭnŭk. Tanĭk yŏŏkt meleŭnpŭnĭk n'tankāooa'bŭnĭk' ha skatama wĕn skwŏŏskā'daseu', tĕpŏŏkt skwŏŏskĕhlŭtooagŭn ookwŏŏsŭl, wĕlaman tan Nŭkskamāwā' Wĭkheegŭn eetŭk n'kekakesātasoo.

13 Ha tŭkā'ch n'pŭkŭche tan āeŭn, ha yootŭl kĕkwsăl ĕtleĕtŭmanĭl ooskĭt'kŭmĭkw, wĕlaman ooteĕ'nea nel nooledŭhaswagŭn n'kekapsŭnātasoo oohŭkāwŏk.

14 Melanāpŭn ŭkŭlooswagŭn, ha ooskĭt'kŭmĭkw ootakwedŭhamabŭnĭhĭ, eebŭchŭl skat tŭlāowoolte'weŭk ooskĭt'kŭmĭkw, stŭkā' nel skat ĕle-tŭlāyaweu' ooskĭt'kŭmĭkw.

15 Skat wekoodŭmoolooŭn kooje-wekw, wĕhlan ooskĭtkŭmĭkw; kānookŭloo koojeankāooanp mŭdooāooa'gŭnŭk.

16 Skat tŭlāowoolte'weŭk ooskĭt'kŭmĭk stŭkā' nel skat ĕletŭlāyaweu' ooskĭt'kŭmĭkw.

17 Ooche-nŭkskâmāwāuĕhlân nāgŭmow koolâmāwa'gŭnŭm ĭkŏŏk; ŭkŭlooswagŭn oolâmāwagŭn net.

18 Stŭkā' kel ĕleŭlgemeŭnpŭn ooskĭtkŭmĭkw nel, netna nāgŭmow' ĕlehŭlgeemŏŏk ooskĭtkŭmĭkw.

19 Ha ooche nāgŭmow nŭkskamāwĕhlŭs, wĕlamân nāgŭmow ooche-nŭkskamāwā-tasoolte'nea oolâmāwagŭn ĭkŏŏk.

20 Ha skat tĕpŏŏkt yookt n'pabatŭmooāwow'eŭk, kānookŭloo neaga ooche 'mseu tanĭk ooche-oolâmsŭtŭmŭn'ea n'hŭkĕk ookŭlooswa'gŭnŭmoolkooŏk.

21 Wĕlamân m'seu nā'gŭmow oopĕskooe'nea, stŭkā' kel, Me'towkwe', ĕleheeyŭn n'hŭkĕk, ha nel ŭkhŭkĕk n'tĭh, nā'gŭmow eooltooŭk'p ŭkhŭkāānook. Wĕlaman ooskĭtkŭmĭkw oolâmsŭt'ŭmŭn kel ŭkpĕtŭkemeepŭn.

22 Ha kechetŭmetŭhamkoosooagŭn tan meleŭnpŭn, nel 'nkesemelân, wĕlamân oopĕskooe'nea stŭkā' keloon ĕlepĕskoo'eŭkw.

23 Nel n'tĭh oohŭkāwŏk, ha kel ŭktĭh n'hŭkĕk, wĕlamân nāgŭmow ookekawŏŏlepĕskooĕhlan, wĕlamân ooskĭt'kŭmĭkw ookŭjejetoon'ch kel ŭkpĕtŭkemeepŭn, ha ŭktŭlemoosalân nāgŭmow' stŭkā' nel ĕlemoosa'leŭn.

24 Me'takwe', n'pawa'tŭmŭn tanĭk meleŭnpŭnĭk n'wejāagoon tan āe; wĕlaman ou ʋĭsagĭhtoo'nea n'kechetŭmetŭham-koosooagŭn tan meleŭnpŭn; eebuchŭl kŭsĕlmeepŭn mĕskw ooskĭt'kŭmĭkw kesetasĭnook'.

25 Ukstisāuë-me'takwe', ooskĭt'kŭmĭkw skat k'nŭnagooŭnāweepŭn, kānookŭloo nel k'nŭnooloopŭn, ha yookt ookŭjejetooneapŭn kel pĕtŭkemeepŭn.

26 Ha n'takenooātooŏnāpŭn kooesooŭn, ha n'takenooātoo'nch, wĕlamân ŭksĕlmŭkwsooagŭn tan wĕjĭksĕlmeeyŭnpŭn eoop' oohŭkāwŏk, ha nel n'teŭp oohŭkāwŏk.

Chapter XVIII.

1 Tanĕk Sāsoos kese-eetŭkŭpŭn yootŭl kŭlooswa'gŭnŭl ŭlehāāpŭn maweu' tanĭhĭ

ĕgĕhkemajĭhĭ ŭkamŭk sebooses Kĕdlŭnk, tan tĕt āĭkpŭn 'npesoonkekân, tan nāgŭm kĕsŭhhâtpŭn ha neaga tanĭhĭ ĕgĕhkemajĭhĭ.

2 Ha Sooda tan ĕhke'nooĕhlatpŭn ookŭjejetoonāpŭn yoot kŭtakŭnĭkwses, eebŭchŭl Sāsoos mĕskeu' ootŭlehanāāpŭn ha maweu' tanĭk wĕtŭkĕhkemoojĭk oohŭkĕk.

3 Netwāje Sooda kese wekwĕhla oomawŏŏhkân ooskedape ha neaga Pălooseŭk ha k'chepatŭleasŭk ooskenoosŭmooŏ, pĕdabasoo'bŭnĭk net tĕt pĕdasĕnŭmatoo'bŭnĭk ha pŭsakwhĕnmagŭnoohooltoo'bŭnĭk, ha n'sakoosooŭnhooltoo'bŭnĭk.

4 Netwāje Sāsoos ookŭjejetoonāāpŭnĭl m'seu kĕkwsăl tanĭl kĕdeegŭhagĭl oohŭkĕk, ha ootŭle-hanābŭnĭhĭ ootehabŭnĭhĭ : Wĕn kwelooĕhĕkw ?

5 Ootasedāmawa'bŭnĭl : Sāsoos Nasālĕtkāoo. Sāsoos ootĭha : Nel nŭt nāgŭm : Ha neaga Sooda tan ĕkenooĕhlatpŭn oomowegaboo-ĭnĕbŭnĭhĭ.

6 Netwāje kese yŭhâtpŭn, Nel nŭt nāgŭm sĕteiabasoo'bŭnĭk ha m'sakŭua-tĕscol-too'bŭnĭk, k'takŭmeegook.

7 Netwāje apch oopabĕh-chemabŭnĭhĭ : Wĕn␣ kwelooĕhĕkw ? Ha etŭmootoo'bŭnĭk : Sāsoos Nasālĕtkāoo.

8 Sāsoos asedamat : K'tehooloobapŭn nel nŭt nāgŭm : netwāje kwelooŏhyākw kesĕltŭmwŏŏk nektŭk oomăjeabase'nea.

9 Welamân kŭlooswagŭn ŭlĭhĕ tan

ectŭmŭnpŭn' Nĭktŭk tanĭk meleŭnpŭnĭk skatama wĕn n'kŭskahlaoo.

10 Net Semoo Peāl tŭmookĕhtŭheegŭn ooteĭn ha oonê'ʹkwakātoon, ha ootŭkŭmal 'kchepatŭl'eas ooskenoo'sŭmŭl ha oomŭntĕhmooŏn enakatooā oochâlgŭs. Yootŭl ooskenoo'sŭmŭl lewe'sooŭl Malkŭs.

11 Netwāje Sāsoos ootĭhal Peālŭl: Pesĕht apch petŭlow'ŭnŭk ŭktŭmkwĕhtŭheegŭn: tooŭsmoo'teŭl tanĭl N'mĭhtakws melĭtpŭnĭl, skatŭcha'l nŭkahlow'?

12 Toocheu' noopāusāwĭn ha neaga kĕpteenŭk ha ootăpŭsĕsŭmooŏ Lĕsweesŭk ootakoonawŏl Sāsoosŭl, ha cokŭlpelawŏl.

13 Ha tŭmk oopĕje-kŭlatŭkŭnawŏl Anŭsk eebŭchŭl Anŭs Keieep oosĭlhoosŭl, ha Keieep tŭlĭkche-patŭleasŭweu' net peme'gŭtŭk.

14 Ha Keieep nŭt nāgŭm tan yŭhatpŭn Lĕswees mowăgŭnootŭmatĭt ooche-kanewĭnp' pĕskw ooskedap oochemĕchenĕn ooche pŭmowsooenoo.

15 Ha Semoo Peāl ha neaga kŭtŭk nootŭkĕhkemoot, oonoosookooawŏl Sāsoosŭl. Nŭt nootŭkĕhkemoot oochĭkchĭjekwŏŏsoo k'chepatŭleasooĭkŏŏk, ha ŭkŭsāwĭjāwŏl Sāsoosŭl k'chepatŭleas weekŭk.

16 Kānookŭloo Peāl skĕh khagŭnŭk kwŏŏchŭmeu'. Netwāje net nootŭkĕhkemoot tan oochĭk-chĭjekwŏŏsoo k'chepatŭle..sooĭkŏŏk nootĕhĕ ha ookŭloolâl pĭlskwĕseesŭl noojĭskhagŭnĕleejĭl, ha ookŭsāgeemâl Peālŭl.

17 Toocheu' pĭlskwĕses noojĭskhagŭnĕt ootĭhal Peālŭl: Skatea' kel pĕskw tanĭk nootŭkĕhkemajĭhĭ woot ooskedap? Eetŭm: Nel skat.

18 Ha nootlookhŭteejĭk ha neaga ŏpŭsāāsŭk net tet skŭltooŭk; kesŭtootooŭsoowŏŏk mŭgŭseŭl, eebŭchŭl ŭtkāoo, ha tŭle-oosooltooŭk, ha Peāl oomowegabooĭn' ha tŭloo-oosoo.

19 Netwāje k'chepatŭleas pabĕhchemâl Sāsoosŭl ooche ĕkĕhkemajĭhĭ ha neaga ooche ootŭkĕhketooagŭn.

20 Sāsoos ootasedāmâl: N'mĕsooe-ooskoooodŭmŭnāpŭn ooskĭt'kŭmĭkw; mājemeu' n'tŭtlŭkĕhkegĕmeepŭn hemeāwĭgwamŭk, ha neaga k'chehemeāwĭgwamŭk, tan tet 'mseu Lesweesŭk ĕtlemowehatĭt. Ha mĕskw kĕkw kegemeu' n'teetŭmookoopŭn.

21 Kĕkwsā' nel wĕjepabĕhche'meŭn? pabĕhchemân' nĭkt noodooĭtpŭnĭk. Sagĭht, nā'gŭmow ookŭjejetoo'nea tan yŏŏhookpŭn.

22 Yoot keseheetŭk, pĕskw noojĭtkwŏŏnkĕt tan kwĭheu' sĕhkĕt, oosŭkskātooŏl Sāsoosŭl ooseeskŏŏk, ootĭhal: Net tĕleasedāmŭt k'chepatŭleas?

23 Sāsoos ootasedāmâl: Wŏbŭlāwĕstooŏnsŭpŭn oochĭnspeuwŏŏlăm' āwŏbŭlĭhâk; kānookŭloo woolāwĕstooŏnsŭpŭn, kĕkw wāje tŭkŭmeŭn?

24 Anŭs ootŭlĭpchetakânŭl kŭlpe'sooŭl Keie'pk.

25 Ha Semoo Peāl skĕh ha oo-oosoo. Netwāje ootehawŏl: Skat ëa kel pĕskw nāgŭm

nootŭkĕhkemajïhï? Nāgŭm eegŭnāwĕ, ha eetŭm: Nel skat.

26 Pĕskooŭk nĭkt k'chepatŭl'eas ooskenoosŭm, ootŭlnăbāmŭl nāgŭm tan oochalgŭs Peāl mĕntĕhmoŏŏtpŭn, ootĭhal: Skat ktŭtlenŭme-hoo'loopŭs kel n'pesoon-kekanŭk neseu' nāgŭm?

27 Apch netwāje Peāl eegŭnāwĕ, ha woolëutĕ nabaha [ahām] mŭtĕhtaksoo.

28 Toocheu ooche-majĕp-ha'nea Sāsoosŭl Keiepk, ha ootŭlĭphawŏl k'chesakŭmweegŭk. Ha oospasake'u: ha nāgŭmow skat ŭkseabase'weŭk k'chesakŭmowĭgwamŭk, wĕlamân skat ootoogwŏgwĕh-tasool-teunea; kānookŭloo wĕlamân ookesemeje'nea nânkŭmehagāwā' wĭkhŭpaltemŭk.

29 Peloot netwājo ŭlenoodŭhat āoolteelĭt ha eetŭm: Kĕkwsā' m'setooagŭn pĕjĭptooĕkw woot ooskedap?

30 Asetĕgŭl-oosool-tooŭk ha ootehawŏl: Skat wŏbŭlookāwenooweekoosŭbŭn', skatŭp ŭkmeloonāwĭn kel.

31 Peloot netwāje ootĭha: Kelooow' wekwĕhlook ha t'ploomook, lĭtploomook tan ĕlkŭm'awĭk ŭkbootoosooagŭnoowŏ. Netwāje Lĕsweesŭk ootehawŏl: Neloon skat n'kesĕltŭmagāoon'āwĭn' n'nāpahanĕn' wĕn.

32 Wĕlamân Sāsoos ookŭlooswagŭn ŭlĭhĕ tan eetŭkŭpŭn tanŭp ŭleegŭn n'pooagŭn napoohooht.

33 Peloot netwāje apch ŭksahat k'chesa-

kŭmow-ĭgwamŭk' ha nooĭhkweman Sāsoosŭl, ha ootĭhal : Kel net Lĕsweesŭk ookĭnchāmŭsmoowŏl ?

34 Sāsoos asedāmât : Koojewĭh'tŭmun tā yoot kel ŭkhŭkĕk ? kŭsŭna kŭtŭkĭk k'tehoo'-goon ooche nel ?

35 Peloot asedāmat : Nel ea' Lŭswees ? kel nĕktŏŏkŭmĭkseeĕkw ha neaga k'chepadŭleasŭk n'mĭlkānāāpŭnĭl kel. Kĕkw keseŭlookĕps' ?

36 Sāsoos asedāmat : Nel n'kĭnchāmŭswakĭm skat yoot ooskĭtkŭmĭkw tŭlāaweu'. N'kinchāmŭswakĭm tŭlāawĭk yoot ooskĭtkŭmĭkw, nooskenoo'sŭmŭk ooche-megakhŭtenea'p nel skat n'poonĕhlŭgāwŭn Lĕsweesŭk oopetenoo-ow-ĭkooŏk Kānookŭloo tŭkā'ch n'kĭnchāmŭswakĭm skat tŭlāaweu' tĕt.

37 Peloot netwäje ootĭhal : Kĭnchamŭsoo ea' kel ? Sāsoos asedāmat : Kel kese-eetŭmŭn, eebŭchŭl n'kĭnchāmŭsoo. Ooche yootŭl wĕjenŭmeekwŏŏseanpŭn, ha ooche yootŭl wĕjepŭkŭche-ayânpŭn ooskĭt'kŭmĭkw, nŭspeuwŏŏlâmădŭmŭn oolămāwagŭn. M'seu wĕn tan ĕtlāowĭt oolămāwa'gŭnŭk, jĭksŭt'ŭmŭn ĕl'āwĕstoo.

38 Peloot ootĭhal : Kĕkwsā' ea' oolămāwagŭn ? Ha kese eetŭk yoot apch ootŭle-noodŭha'n Lĕswees āooltelĭt, ha ootĭha : Skadama n'mŭskŭmooawŭn āwŏbŭlāta'kw oohŭk.

39 Kānookŭloo k'tŭlmahtooba n'poonĕhlan ooche kelooow' pĕskw nânkŭmehagāwā' wĭk-

hŭpaltemŭk. Koole-dŭhadŭmŭn'ea netwāje nel n'poonĕhlăn ooche kelooow' Lĕsweesŭk ookĭnchāmŭs-ŭmooŏl?

40 M'seu' netwāje apch kĭntakwsooltooŭk, etŭmootooŭk : Skat woot, kīnookŭloo Balaba's. Net Balaba's kŭmootŭnĕsks.

Chapter XIX.

1 Toocheu' netwāje Peloot wekwĕhlal Sāsoosŭl ha oomatŭhal.

2 Ha sŭmagŭnŭsŭk ootŭlŭskŭn-wŏtŭmŭn'ea chetookā'pesoot' menooseā', ha oochetookā-pela'nea, ha mooskwŏŏnĭmkwŏŏpĕhtĕh wesāgŭnŭsoot' oonasāhtooŏnea.

3 Ha pĕtabase'neal, ha etŭmootooŭk: Koolasekoolpŭn kel kĭnchamŭsweŭn Lĕsweesooĭkŏŏk. Ha ookaske-gwĕhtahawŏl.

4 Peloot apch ootŭlĭhan ha ootĭha: Sagĭhtŏŏk, n'pĕjĭpha āoolteĕkw koojĭkchĭjetoo'nea nel skat 'nmŭskŭmooŭn patawĕhkasooagŭn oohŭkĕk.

5 Netwāje wĕchkooe-noodahat Sāsoos oopŭskŭmŭn chetookāpesoot' menooseā', ha neaga mooskwŏŏn-ĭmkwŏŏpĕhtĕk wesā'gŭnŭsoot', ha ootĭha : Sagĭhtŏŏk ooskedap'.

6 Netwāje k'chepatŭleasŭk ha noojĭkwŏŏnkateejĭk nĕmehatĭt, ŭksekowā-wĕstootooŭk, etŭmootooŭk : Sedakwtaha'n ! sedakwtaha'n! Peloot ootĭha : Kelooow' wekwĕhlook ha sedakwtoohook ! eebŭchŭl nel skat n'mŭshŭmooŭn patawĕh-kasooagŭn oohŭkĕk.

7 Lĕsweesŭk ootasedāmawŏl : Bootoosoo-

agŭn n'te'-enā'n; ha neeloon n'bootoosooa'-gŭnŭn ĕlkŭmawĭk chooe-mĕche-nĕp'; eebŭchŭl lĕhlŭsoopŭn Nŭkskam ookwŏ<'sĭn.

8 Netwāje Peloot noodŭk yoot kŭlooswagŭn, oopeāmesĕksĭn,

9 Ha apch ŭksĕhĕ k'chesakŭmowĭgwamŭk, ha ootĭhal Sāsoosŭl: Tama' ktŭtlāyow'? Kānookŭloo Sāsoos skadama ootasedĕmow'-eŭl.

10 Toocheu' Peloot ootĭhal: Skat kŭlooleu? skat ŭkŭjejetooŭn nel n'teĭn tŭpĕltŭmooagŭn ŭktasedakwtŭhoo'lŭn? ha neaga n'teĭn tŭpĕltŭmooagŭn ŭkpoonĕhlŭlŭn?

11 Sāsoos asedāmat: Kel skatŭp ŭktëeewŭn tŭpĕltŭmooagŭn ooche nel, skat oochemĭl'oomook' spŭmŭk. Netwāje nāgŭm nŭt tan melooĕt n'hŭk, peĕmkekoon lakŭmĭksooagŭn āĭt.

12 Net wĕjātagāmŭk Peloot ootŭkwājeboonĕhlal. Kānookŭloo Lĕsweesŭk kĭntakwsooltooŭk etŭmootooŭk: Poonĕhlŭt wŏŏt ooskedap, skat koosewāwewŭn Sesŭl. Tan wĕn kesĕhlŭsĭt ookĭnchāmŭsooĭn, oonathŭmooŏl Sesŭlŭl.

13 Netwāje Peloot nootŭk yootŭl kŭlooswa'gŭnŭl, oonootĕphăl Sāsoosŭl ha ŭpĕssoo bootoosoo-agŭne-kwootŭpoot', tan tĕt lewĭhtasoo Lapskŭneegŭn owt, ha Lĕsweesooŏdooāmŭk, Gabbata.

14 Net kesook oolăjooltĭn nankŭmehagāwā' wĭkhŭpaltemŭk, ha tamahal' paskwĕ.

Ha ootĭha Lĕswees: Sagĭhŏŏk, kĭnchāmŭsmooŏh!

15 Kānookŭloo kĭntakwsooltooŭk: Ulmĭpha'n! ŭlmĭpha'n! sedâkwtŭha'n! Pc'oot ootĭha: n'tase'dakwtaha'ch kĭnchāmŭsŭmooŏ? K'chepatŭleasŭk ootasedāmawŏl: Skadama n'teewawĭn kĭnchāmŭs tĕpŏŏkt Sesŭl.

16 Toocheu netwāje oopoonātooŏnân'eal Sāsoosŭl oopeteenooŏk ootasedâkw-tŭhaselĭn. Ha nāgŭmow wekwĕhlawŏl Sāsoosŭl, ha ootŭlĭphawŏl.

17 Ha pŭmegalal oochebeat-koomŭl, ha ŭlĭhĕ net tan ĕlewĭhtasĭk, Oosŭgatŭp, tan Lĕswesooŏdooāmŭk lewĭhtasoo, Gŏlgŏta;

18 Tan tĕt ĕtle-sedâkwtŭhatĭt, nāgŭm ha neaga sedâkwtŭhasooŭk kŭtŭkĭhĭ nesoo wejāachĭhĭ, tŭhĕdooĭkagoo, ha Sāsoos ā'baseu'.

19 Ha Peloot wesooŭnhasoo āwĭkhŭk, ha oosasetaskĕhtoon chebeatkŏŏk. Ha ŭlooĭkhasoo: Sāsoos Nasalĕtkāoo, Lesweesŭk ookĭnchāmŭsŭmooŏl.

20 Netwāje yoot wesooŭnhasoo ŭktanâkwsooŭk Lĕsweesŭk ĕketŭmootĭt, eebŭchŭl net ĕtlesedâkwtŏŏhoot kweheu' oodāānĕk; ha ŭlooĭkhasoo Lĕswesooŏdoowāweu', ha Glekāwŏdoowāweu', ha Iătŭnwŏdoowāweu'.

21 Netwāje Lĕsweesŭk ookechepatŭleasŭmooŏ ootĭhawŏl Pelootŭl: Moo sak ŭlooekŭmookŭch', Lĕsweesŭk ookĭnchāmŭsŭmooŏl: ŭlooĭkhŭmoon'tăk': Eetŭmoopŭn nel Lĕsweesŭk ookĭnchāmŭsŭmooŏl.

22 Peloot asedāmat: Tan keswĭkhŭm, n'kesewĭkhŭmŭn.

23 Toocheu' sŭmagŭnŭsŭk kese sedakwtŭhatĭt Sāsoosŭl, wekwĕhtooŏn'eal oohŭlgwootāwa'gŭnŭl ha oonāwĭchpŭnmŭneal, ātăseu sŭma'gŭnŭs n'koojechpŭt; ha neaga ootŭpskwŏŏns. Net pŭskoonas skadama legwŏdĭgŭneu', ha ooche-maje-atŭketa'hasoos' kwŏŏnaskweu malŭmŭtā ĕmĕkāɴ'.

24 Netwāje yŏŏhoodooltooŭk: Chegow' skat skwŏŏskenā-too'wŭkw, kŭtootĕhmowtooltenĕch tak wĕnŭch oomŭchŝsoom. Wĕlaman Nŭkskamwā Wĭkheegŭn tan eetŭmooĭk ŭlĭhĕ: Oosesĕnmân'eal n'tŭlkwŏŏtāwa'gŭnŭl, ha ookŭtootĕh-mowtool-te'nəa n'tŭpskwŏŏns.

25 Yootŭl kĕkwsăl sŭmagŭnŭsŭk ĕlookhŭteetĭtpŭnĭl. Ha kweheu' skŭltooŭk Sāsoos oochebeatkoomŭk, Sāsoos wegoowɔ̆ŏsŭl, ha neaga Male Clopŭs oonesooeteejĭl, ha neaga Male Mădlān.

26 Sāsoos netwāje nĕmĭhat wegoowŏŏsŭl ha neaga net noodŭkĕhkemoojĭl tanĭl moosalajĭl sĕhke kwĭheu', ootĭhal wegoowŏŏsŭl: Apet, sagehan' kwŏŏs.

27 Toocheu' ootĭhal noodŭkĕhkemoojĭl: Sagehan' kegoowŏŏs'. Ha wĕjātagāmŭk net tŭpaskoodeegŭn nŭt noodŭkĕhkeemoot ootŭlĭphal weegŭk Sāsoos wegoowŏŏsŭl.

28 Net agĭmte Sāsoos eebŭchŭl ookŭjejihtoon m'seu'kĕkwsăl tŭkā'ch n'keka-kesātasĭn,

wĕlamân Nŭkskamwā' Wĭkheegŭn tan eetŭmooĭk kesātasoop, eetŭm : N'kŭtoowŏŏsŭm.

29 Net malĭkeĕsees net ŭpoo p'sŭnpĕ peneegŭl; ha oochĭpsŭnpātoo'nea sĭnkŭlateegŭn, ha oonasakw'hŭmŭn'ea ha ootŭlakwhŭmooŏn'ea ootoonŭk.

30 Sāsoos netwāje kes mĕs'ŭnŭk peneegŭl, eetŭm : Kesātasoo ha ŭlaagoo, ha ĕkoolamoo.

31 Netwāje Lĕsweesŭk eebŭchŭl oolajooagŭnekeesook net keesook, wĕlamân m'hŭkeŭl skatŭp ëeuëŭl chebeatkwĭkŏŏk atlasĭmooe-kesookŭk, eebŭchŭl net atlasĭmooekesook k'chekeesook net, oopagoowŏŏma'nea Pelootŭl ookatooŏl tŭmĭhtĕhmoo-ootŭp ha pŭlewooplĭphak.

32 Netwāje sŭmagŭnŭsŭk pĕdabase'nea ha tŭmĕhtooŏn'eal tŭmkāwāâl ookatŭl ha neaga kŭtŭkĭl tanĭl wej'e-sedakwtoohoot.

33 Kānookŭloo pĕjeëe lĭt Sasoosŭl ha nĕmehatĭl oomĕchenalĭn tŭkā'ch, skatama ootĕmĕhtooow'neal ookatŭl.

34 Kānookŭloo pĕskw nĭkt sŭmagŭnŭsŭk oosaphal ĕpmĕlwalĭt tŭkŭteegŭnŭk, ha nŭkŭsaeu' pŭgahkŭn ha samagwŏn wĕjesakheejooŭk.

35 Ha nŭt tan kese-nŭmĭhtakw kesĭnspeuwŏŏlamĕh, ha oonŭspeuwŏŏlâmāwagŭn oolamāweu', ha ookŭjejĭhtoon tan eetŭk oolamā, wĕlaman kelooow' neaga koolamsŭtŭmootenea'p.

36 Ebŭchŭl yootŭl kĕkwsâl wĕjekesātasegĭl wĕlamân tan Nŭkskamāwā' Wĭkheegŭn edŭmooĭk, ŭlāu : Pĕskoon ooskŭneesŭm skatŭch tŭmĕhtaseu'.

37 Ha apch kŭtŭk tan āwĭkhasĭk Nŭkskamāwā' Wĭkheegŭn kŏŏk, eetŭmooĭk : Ootŭsagehawŏl'ch nāgŭm tanĭl saphatĭtpŭnĭl.

38 Ha agĭmtĕ yoot, Soosĕp tan tŭlā' Alĭmŭteâk, tan Sāsoos oohŭkĕk wĕtŭkĕhkemoot', kānookŭloo ke'gemeu' eebŭchŭl oonŭgaala Lĕswees, pagoowŏŏman Pelootŭl ookesĕltŭmagoon oomajĕptooŏn Sāsoosŭl oohŭk : ha Peloot ookesĕltŭmooŏn. Netwāje pŭkŭchehĕ ha oomajĕptooŏn oohŭk Sāsoosŭl.

39 Ha neaga Nĭkoodĕm pŭkŭchehĕ tan tŭmk oopŭkŭchehanāāpŭnĭl Sāsoosŭl ne'-baeu', ha oopĕjĭptoon [n'pesoonŭl] mŭl ha alos wowĕŭkĭhĕ tamaha'l n'koodât'kw kĕsĭtkeegoon.

40 Toocheu' wĭhkwĕhtoo'ŏnea Sāsoosŭl oohŭk', ha wĭsĕgĕhlawŏl atoolhawā'gŭnŏŏl., maweu yootŭl melepookĭl : tan Lĕsweesŭk eelĕhlahtĭt n'pooenooŭl pooskŭnatĭt.

41 Net tan tĕt ĕtlesedâkwtŭhootpŭn n'pesoonkĭkan ëupŭn, ha n'pesoonkĭkanŭk ëupŭn pelā' pooskŭnegŭnalŭkw, net tĕt mĕsk wĕn māch kese poonawŭnaweepŭn.

42 Netwāje net tĕt poonatĭt Sāsoosŭl ooche Lĕsweesŭk oolajoo-agŭne-keesookŭmoowŏ; eebŭchŭl net pooskŭnegŭnalŭkw kwĭheu ëupŭn.

Chapter XX.

1 Net ŭmskooŏsāwā' keesook kese atlasmooekĭskâk, Male Mădlān pŭkŭchehĕ pooskŭnĭgŭnalŭgŏŏk wesŭge-oospasweu' chĕl māch pĭskŭtpookŭt, ha nŭmĭhtoon pŭnŏpskw wĕjesāma-tasĭks pooskŭneegŭnalŭgŏŏk.

2 Netwāje kwŏskwhoo ha oopŭkŭchehanŭl Semoo-Peālŭl ha kŭtŭkĭl noodŭkĕhkemoojĭl tanĭl Sāsoos kĕsĕlmajĭl, ha ootĭha: Oochemăjĭphawow Uksakŭmamŭnooŭl pooskŭneegŭnalŭgŏŏk, ha skat n'kŭjejetoonāwĭn tan tĕt poonatĭts.

3 Netwāje Peāl machĕhĕ ha kŭtŭk noodŭhkĕhkemoot, ha pĕtkaootooŭk pooskŭneegŭnalŭgŏŏk.

4 Ha tŭkweu' kwŏskhooŭk, ha kŭtŭk noodŭkĕkemoot oonŭkŭlal Peālŭl, ha tŭmk pŭkŭchehĕ pookŭneegŭnalŭgŏŏk.

5 Ha chetooŏmkwĕssĭt ha oonŭmĭhtoonŭl atoolhawĕg'ŭnool ĕlagwāgĭl, kānokŭloo skadama ŭksĕhāwe.

6 Toocheu' Semoo Peāl oopŭkuchehan oonoosootĕhkooŏl ha ŭksĕhĕ pooskŭneegŭnalŭgŏŏk, ha oonŭmĭhtoonŭl atoolhawĕgŭnool ĕlagwāgĭl.

7 Ha kasegŭhoosoot' tan wĭsătpĕbesĭtpŭn, skat wĭtāwe atoolhawĕgŭn ĭkŏŏk, kāncokŭloo kesangŭnasoo ha chpahtĕ.

8 Toocheu' netwāje kŭtŭk noodŭkĕhkemoot neaga ookŭsahan, tan tŭmk pĕgŭche-

hatpŭn pooskŭneegŭnalŭgŏŏk, ha oonŭmĭhtoon ha oolamsŭt'ŭmŭn.

9 Eebŭchŭl mĕskw oonŭstŭmoonea tar. ĕlwĭkhasĭk Nŭkskamāwā Wĭkheegŭnŭk, chŏŏ oochenŭmchĕsoo n'pooa'gŭnŭk.

10 Netwāje nootŭkĕhkemoojĭk apch machĕhkow-ootooŭk wegoo-owĭkooŏk.

11 Ha Male skĕh kwĭheu' pooskŭneegŭnalŭkŏŏk kwŭchŭmeu', tŭldāmoo. Ha ăptŭdāmĭt cheetooŏmkwĕssĭt ha oopooteapŭtŭmŭn pooskŭneegŭnalŭgŏŏk.

12 Ha oonŭmĭha neesoo asāle wŏbĕgŭnŭhmook, ĕbelejĭhĭ pĕskw ĕlkwĕsĭnlĭtpŭn, kŭtŭk ĕlsedĕsĭnlĭtpŭn Sāsoos oohŭk ĕtĕkpŭn.

13 Ha asāleŭk oɔtehawŏl: Apet, kĕkwsā' wĕtā'meŭn? Ootĭha: Eebŭchŭl majĕphawow' n'sakŭmam, ha skat nkŭjejeha'weŭk tan tĕt poonĕhlatĭts.

14 Kese eetŭk yoot wĕswĕgaboowĕssoo ha oonŭmĭhal Sāsoosŭl sĕhkĕlejĭl, skatŭloo ookŭj-jejeha'weŭl Oosāsooswelĭn.

15 Sāsoos ootĭhal: Apet, kĕkwsā' wĕtā'meŭn? Male ledŭhasoo noojĭn-pesoon-kekanĭhkĕt, ha ootĭhal: Sakŭm, kel kese-majĕphŭtsŭpŭn, n'sŭtoomoolu tan tĕt poonŭt, ha nelŭch n'majĕpha.

16 Sāsoos ootĭhal: Male! Male kwŏŏlpega-boowĕsɔo ha ootĭhal [Lĕsweeswŏdooāmŭk] Labone! tan eetŭmooĭk, Noodŭkĕhkegāmĭt!

17 Sāsoos ootĭhal: Moo sak samĕhlee-

kŭch, eebŭchŭl mäch mĕskw noouagĭhow N'mĭhtakwsŭk. Kānookŭloo ŭlĭh' n'sewĕsŭk āooltetĭt ha k'tĭhan, noonagĭh nel N'mĭhtakwsŭk' ha kelooow' K'mĭtakwsooŏk, ha nel Nŭkskamk, ha kelooow' Kŭnŭkskamooŏk'.

18 Male Mădlān pŭkŭchehĕ ha pĕjĭptooŏn kŭlooswagŭn noodŭkĕhkemoojĭk net nāgŭm ookesenŭmĭhal Uksakŭmamŭnooŭl, ha yootŭl kĕkwsāăl ookese-yŭhŏŏchŭl.

19 Netwāje net keesook wĕlagweewĭk amskooŏsāwā keesook, kese atlase-mooekĭskak, ha khagŭnŭl k'pahasoo'. ĕtle-mowe-hatĭt nootŭhkĕhkemoojĭk eebŭchŭl oonŭgalawŏ Lĕswees, Sāsoos pŭkŭchehĕ ha ābaseu sĕhkĕh, ha ootĭha: Wŏntŭkāooagŭn ĕĭch ŭkhŭkāwŏk.

20 Ha keseyŭhat neetŭl kŭlooswa'gŭnŭl oomĕswātooanŭl oopetenŭl ha ĕpmĕlwŏt. Toocheu' noodŭkĕhkemoojĭk wŏŏledŭhasooltooŭk nĕmehatĭt Uksakŭmamenooŭl.

21 Netwāje apch Sāsoos ootĭha: Wŏntŭkāooagŭn ĕĭch ŭkhŭkāwŏk. Tan ĕle-ŭlgemĭtpŭn N'mĭhtakws nel ĕleŭlgĭmlĕkw kelooow'.

22 Kese eetŭk neetŭl oonĕssāmootooŏh, ootĭha: Kŭmŭsŭnawŏ Wĕjeoolenewĕskwĭt.

23 Tanĭk wĕnĭk ootŭlkŭmĭksooagŭnooŏl 'nhĕltŭmooĕkw, n'hĕltŭmooanŭl: ha tanĭk wĕnĭk ootŭlkŭmĭk-sooagŭnooŏl skat n'hĕltŭmooākw, skat n'hĕltaseweŭl.

24 Kānookŭloo Tooma tan elewehoot neaga Tŭkwĕs, skat wejāoo-owĭbŭnĭhĭ tan toocheu' Sāsoos pĕg'ŭchehat'.

25 Netwāje kŭtŭkĭk nootŭkĕhkemoojĭk ootĭhawŏl : Uksakŭmamŭn kese nŭmehanoo. Kānookŭloo Tooma ootĭha : Skat nŭmĭhtooawŏn' oopeteenŭk chĭlmeegĭl chĭsŭkheegŭnŭl, ha skat pejĕh'tooŏn (n'tŭlooĭgŭnĭlch) n'pŭskĕlchawŭn chĭlmeegĭl chĭsŭkheegŭnŭl, ha skat poonĕh'tooŏn' n'peten ĕpmĕlwŏt, skatŭch noolâmsŭtŭmooŭn.

26 Ha kese oogŭmoolchĭn kĕsoogŭnŭkâk noodŭkĕhkemoojĭk apch mowĭh'eyŭk lămĭgwâm', ha Tooma wejāooŏ, ha Sāsoos pŭkŭchehĕ kha'gŭnŭl k'pahasooŭl, ha ābaseu' sĕhkĕh, ha eetŭm : Wŏntŭkāooagŭn ĕĭch ŭkhŭkāwŏk.

27 Agĭmtĕ ootĭhal Toomahŭl : Chkooĕht ŭkpŭskĕlchowŭn l sagĭhtooĭn n'petenŭl, ha ch'kooĭnskĕs' ha poonĕh't ĕpmĕlweí': ha moo sak kŭlootŭmookŭch, kănookŭloo woolămsŭtŭmoon'.

28 Tooma asedāmat, ootĭhal : N'sakŭmâm, ha Nŭkskamŭm.

29 Sāsoos ootĭhal : Tooma, eebŭchul kesenŭmĭhĭ kesewŏŏlămsŭtŭmŭn : wŏŏlāooltooŭk tanĭk skat nĕmetootĭkw, ha kese wŏŏlămsŭtŭmŭn'ea.

30 Ha ŭktanagŭtool kŭtŭkĭl kenooŏskoodeegŭnŭl Sāsoos kesātakwpŭnĭl ĕlkwābehalĭt ĕgĕhkematpŭnĭhĭ, tanĭl skat āwĭkhasęenookĭl yoot wĭkheegŭnŭk.

31 Kānookŭloo yootŭl wĕjewĭkhaseegĭl wĕlamân kelooow' koolămsŭtŭmŭnea'p Sāsoos

Oonewĕskooĭn, Nŭkskam Ookwŏŏsŭl; ha wĕlamân kteëneap askŭmowsooagŭn ĕleoolămsŭtŭmĕkw.

Chapter XXI.

1 Agĭmtĕ yootŭl kĕkwsăăl Sāsoos ăɩ̨ch lemĕsooĕlŭsoo nootŭkĕhkemajĭhĭ kwĭheu' Teibeleŭs oosoobākoom. Ha yoot ĕlemĕsooĕlŭsĭt.

2 Moweooltooŭk Semoo Peāl, ha Tooma tan lewesoo Tŭkwĕs', ha Nataneāl Cānāk Goolelĕtk tŭlā, ha Sĕbŭde neesoo ookwŏŏs', ha neesoo kŭtŭkĭhĭ noodŭkĕhkemajĭhĭ.

3 Semoo Peāl ootĭha: Năjenŭmĕsŏŏk'. Ootĭhawŏl: Ha neloon na wejāoolŭbŭn. Unoomaje-abase'nea, ha tĕbĕsooltooŭk sloopŭk, ha net pĕmĭtpookak skadama kĕkw nāpatoo'eŭk.

4 Kānookŭloo ĕhchĕhkwŏk Sāsoos sĕhkĕh pĕmamkĭkak; kānookŭloo nootŭkĕhkemoojĭk skat ookŭjejehawewŏl Oosāsoosweelĭn.

5 Netwājĕ Sāsoos ootĭha: Wasestŏŏk, ŭkteënea kĕkwsā' mechasĭk? Ootasedĕmawŏl, Skadama.

6 Ootĭha: Lejooŏhpĕhlook aap enakadook sloopŭk, ha k'mŭskŭmŭnea'ch. Netwājĕ chooŏhpĕlatĭt, ha tŭkāch ootalooetĕbĕh-lawŏl kĕsĭptŭhoogĕt nŭmĕs.

7 Netwājc nŭt noodŭkĕhkemoot ɩ̨an Sāsoos kĕsĕlmajĭl ootĭhal Peālŭl: Uksakŭmamŭn nŭt. Netwājĕ Semoo Peāl noo'tŭmat

Uksakŭmâmenocŭl, oonasātoon cotŭpskwŭns, eebŭchŭl ĕmĕsŭkāu, ha chooŏpĕlŭsoo soobāāgŏŏk.

8 Ha kŭtŭkĭk nootŭkĕhkemoojĭk hŭkwa'heyŭk ŭpŭsoolgwah'mŏŏk, eebŭchŭl skat oopĭhchĕhkatŭmoonea kŭtakŭmĭkw, tamaha'l nesâtkw' wŏŏskwŏŏnŭk, ocpĕje-sowpĕkhoclawŏl a'peŭl p'sŭnpooŭl nŭmĕsŭk.

9 Netwāje kese natŭkeiabaseetĭt oonŭmĭhtoo'nea skwŏŏt loosākŭt'eŭl, ha nŭmĕs tĕsakweu ŭlŭsĭn, ha hŭpân.

10 Sāsoos ootĭha: Ch'kooĭphook ankwŏŏch nŭmĕsŭk tanĭk tŭkā'ch nāāpŭhāāgwĭk.

11 Semoo Peāl tĕbĕsoo ha ookapŭteiăchkwemal apeeŭl, p'sŭnpooŭl k'chenŭmĕs', n'koodatkw' chĕl nanĭnsk chĕl ɴĭhĭ; ha kĕsĭtpŭn skadama sŭgwŏŏskĕseu' aap.

12 Sāsoos ootĭha: Ch'kooabasĭkw, ha spasĭhpooltĭkw. Ha skadama wĕn nĭkt nootŭkĕhkeemoojĭk oopĕjekenapëe'uŭn oopabĕhcheman ootĭhan, Wĕn kel? eebŭchŭl ookŭjejehawŏl Uksakŭmamŭnooeelĭn.

13 Sāsoos pŭkŭchehĕ ha wekwĕhlal hŭpanŭl ha oomelân, ha neaga nŭmĕsā'.

14 Yoot tŭkā'ch noohooāwā' ĕlemĕsooĕlŭsĭt Sāsoos tanĭhĭ wĕtŭkĕhkemajĭhĭ oohŭkā'wŏk, keseuchenŭmchĕsĭt n'pooa'gŭnŭk, kese abĭjeebĕt.

15 Netwāje kesepoolteetĭt Sāsoos ootĭhal Semoo Peālŭl: Semoo, Sona ookwŏŏsŭl, ŭkpeĕmĭksĕlme skatŭk yooktŭk? Ootĭhal: Aahŭ,

N'sakŭmâm, ŭkŭjejĭhtoon kŭmoosalŭn. Ootĭhal : Sŭmân' n'tŭseepeesŭnaŭk.

16 Apch ootĭhal nesāwā': Semoo, Sona ookwŏŏsŭl, kŭsĕlme? Ootĭhal: Aahŭ, N'sakŭmâm, ŭkŭjejĭhtoon kŭmoosalŭn. Ootĭhal : Ankāooan' n'tŭseepŭmŭk.

17 Noohooāwā' ootĭhal: Semoo, Sona ookwŏŏsŭl, kŭsĕlme? Peāl oosegĕltŭm eebŭchŭl ootehoogoon noohooāwā' Kŭsĕlme? ha ootĭhal : N'sakŭm, kŭnŭkachejetoonŭl m'seu' kĕkwsăl; ŭkŭjejĭhtoon kŭmoosalŭn. Sāsoos ootĭhal : sŭmân' n'tŭsepeesŭmŭk.

18 Ulĭhĕ, ŭlĭhĕ, yŭhool', āwasesweŭn, kŭspĭlseepŭn ha ŭkpŭmehapŭn tan ĕleooledŭha'dŭmŭn. Kānookŭloo k'cheuskĭjenoowehayŭn, ŭksooĭptenĕsŭch, ha kŭtŭk'ch kŭspeelŭkw, ha tŭlĭphŭkwch tan skatŭch wĕledŭhadŭmooŭn.

19 Ha yoot wĕje-eetŭkŭpŭn oonŭstŏŏhmŭn tan ĕleegŭk n'pooagŭn Peāl kĕde-oochĭk-chetŭm-etŭhamat Nŭkskamŭl. Ha kese-eetŭk yoot ootĭhal : Noosookoowĭn!

20 Peāl kwĕlpegăboo-wĕsĭt oonŭmĭhal neetŭl nootŭkĕhkemoojĭl tanŭl Sāsoos moosalajĭl, oonoosookoowŏl, tanĭl neaga wĕlagwĭhpooltĭmk ĕsĭtkwĕsĭkpŭnĭl oopŭskoonŭk, ha eetŭmoopŭn, N'sakŭmam, tan woot nŭt tan kĕdooe-kenooĕhlŭsk?

21 Peāl nĕmĭhat ootĭhal Sāsoosŭl : N'sakŭmâm, ha kĕkwsāŭch woot ooskeuap ŭlookĕ?

22 Sāsoos ootĭhal : Nel ŭlewŏŏledŭhadŭman' ooteĭn tŭkeu' pŭkŭche'hayan', tama

koo-owche-hoogoon kel? Kel noosookooīn nel.

23 Netwāje yoot kŭlooswagŭn wĕje-machĕsīsahak wījegedooltejīk oohŭkāwŏk nŭt nootŭkĕhkemoot skatŭp oonĕchenawŭn. Ha Sāsoos skat ootīha-we'pŭnīl skat oomĕchenawŭn; kānookŭloo Ulewŏŏledŭhadŭman' ooteeīn tŭkeu' pŭkŭche'hayan', tama' koo-owchehoogoon kel?

24 Woot nŭt nootŭkĕhkemoot tan nĕspeuwŏŏlamatŭk yootŭl kĕkwsăl, ha ookeswīkhŭmŭnĕpŭnīl yootŭl' kĕkwsăl, ha n'kŭjejīhtoonān' oonŭspeuwŏŏlămāwagŭn ŭlīhĕ.

25 Ha neaga ŭktanagŭtool kŭtŭkīl kĕkwsăl tanīl Sāsoos kesātakwpŭnīl; ha wīkhasegŭp' ā'daseu', n'tŭledŭhad'ŭmŭn ooskītkŭmīkw chālŭp skat oonŭkanŭmoonŭl wīkheegŭnŭl tanīl āwīkhasegīlp'. Amen.

www.ingramcontent.com/pod-product-compliance
Lightning Source LLC
Chambersburg PA
CBHW020146170426
43199CB00010B/907